W. Steven Brown Todsünden des Managers

W. Steven Brown

Todsünden des Managers

Die dreizehn dümmsten Fehler,
die Manager begehen können – und wie man
sie vermeiden lernt

Oesch Verlag

Die amerikanische Originalausgabe erschien 1985 unter dem Titel
Thirteen Fatal Errors Managers Make, and How You Can Avoid Them
bei Fleming H. Revell Company, Old Tappan, N. J., USA

Aus dem Amerikanischen von
Dieter W. Portmann

Schutzumschlag: Heinz von Arx, Zürich, unter Verwendung
eines Photos von Whitney Lane/The Image Bank
Satz: SatzCentrum Jung, Lahnau
Druck und Bindung: Franz Spiegel Buch GmbH, Ulm
Printed in Germany

ISBN 3 85833 364 6

3 5 7 8 6 4

Für die Mitglieder von »Fortune« – für die, die jeden Tag
an der Arbeit sind, und für unsere Familien und Freunde, die so
selbstlos dazu beigetragen haben und uns in unseren
Bemühungen unterstützt haben,
»andern zu helfen, sich selber zu helfen«.

Dank

Dieses Buch hätte ohne die Bemühungen von sehr vielen Leuten nicht entstehen können. Zu besonderem Dank verpflichtet bin ich den Tausenden von Managern, die mich an ihren – guten und schlechten – Erfahrungen teilhaben ließen. Zutiefst in Dankbarkeit verbunden bin ich Charles Josey für seine Mitarbeit und seine tatkräftige Unterstützung, wenn es darum ging, meine Gedanken und Worte in eine lesbare Form zu übertragen.

Inhalt

Vorwort

Seit fünfzehn Jahren helfen die Fortune-Gruppe und ich den Firmen und Unternehmungen, Erfolg zu haben, und den Managern, ihre Firma oder Unternehmung richtig zu führen. In dieser Zeit habe ich so ungefähr jede nur denkbare Geschäftssituation erlebt. Und nach all diesen Jahren an der Front, wo ich praktische und nicht theoretische Probleme gelöst habe, habe ich entdeckt, daß die Firmen in erster Linie darum Mißerfolg haben, weil ihre Manager versagen. Und wenn Manager versagen, liegt es nicht daran, daß sie der Zahlen nicht Herr werden, sondern weil sie versuchen, Leute zu beherrschen oder zu manipulieren oder zu ignorieren.

In einem der letzten *Megatrender*-Bulletins formulierte John Naisbitt das Problem wie folgt:

»Die Herausforderung der Industrie: weg von den Managern, die von alters her (und ziemlich sicher) alle Antworten kannten und allen anderen sagten, was zu tun sei, und hin zu Managern, die als Möglichmacher und Förderer des menschlichen Potentials wirken. *Für die wiedererfundene Firma im Jahr 1985 des Informationszeitalters und danach besteht die Herausforderung darin, die Manager, nicht die Arbeiter neu und weiter auszubilden.*«

Ein so anspruchsvoller Manager wie Harold Geneen, der aus der kleinen verschlafenen Firma ITT einen der größten Industriekonzerne der Welt aufbaute, stimmt mit dieser Ansicht überein. In seinem Buch »Managing« sagt er über die Kunst des Managements folgendes: »Das Führen ist der eigentliche Kern der Firmenleitung. In Tat und Wahrheit führt niemand ein Geschäft, indem er mit Zahlen jongliert, neue Organigramme zusammenstellt oder die neuesten Formeln der Fachhochschulen nachprüft. Was man im Geschäft managt, sind Menschen ... In meinen Augen ist die Qualität der Führungseigenschaften die wichtigste einzelne Zutat zum Rezept des Firmenerfolges.«

Wovon handelt dieses Buch?

Es handelt davon, wie Sie ihre Führungs- und Managerfähigkeiten vervollkommnen können, indem Sie die allgemein häufigsten Fehler vermeiden, welche Manager im Umgang mit den von ihnen geführten Menschen begehen. Ich zeige Ihnen die wirklich klassischen Fehler. Die Manager haben in der Tat immer wieder die gleichen Fehler gemacht, seit Abel versucht hat, Kain zu überwachen. Und sie können sich als fatal erweisen – wenn nicht für Sie selbst, dann doch für Ihre Firma. Aber Sie brauchen keinen dieser Fehler, wie sie für Charakter, Gewohnheit, Stil und Urteilsvermögen von Managern typisch sind, mehr zu begehen, wenn Sie sie erst einmal kennen. Und glücklicherweise gibt es gar nicht allzu viele davon: Ich kann nur gerade deren 13 nennen! In den Hunderten von Firmen, denen die Fortune-Gruppe in den USA, in Kanada und Australien gute Dienste geleistet hat, haben wir die häufigsten Fehler von Managern in Geschäftssituationen, die eine

Wendung zum Schlechten genommen haben, ganz genau unter die Lupe genommen. Die Worte, mit denen diese Situationen beschrieben werden, mögen voneinander abweichen, aber die Probleme, die ihnen zugrunde liegen, tun es nur selten. Dieses Buch macht Sie auf diese 13 Fallen aufmerksam, damit Sie sie in Zukunft umgehen können.

Weshalb so negativ, Steve?

Als ich mit Freunden und Geschäftsbekannten über die Idee zu diesem Buch sprach, überschütteten sie mich natürlich mit einer Menge kostenloser, aber gutgemeinter Ratschläge. Ich höre und sehe immer zu, wenn etwas kostenlos ist. Denn schließlich sage ich mir: Wenn ich die Leute schon nicht überzeugen kann, die ich kenne und die mich mögen, wie soll ich dann Sie überzeugen? Die häufigste Kritik, die ich zu hören bekam, bezog sich nicht auf die Einsichten und Informationen, sondern auf die Art und Weise, wie ich an die Sache heranging. »Warum so sehr das Negative sehen?« fragten die Leute. Und ein Freund riet mir sogar zum Titel »13 neue Wege für Sieger zum Sieg«.

»Wirf nur einmal einen Blick auf die Bestseller-Listen«, empfahlen mir einige meiner positiv denkenden Freunde. »Bücher über das Wirtschafts- und Geschäftswesen konzentrieren sich auf den Erfolg.« Aber ich behaupte, daß zu viele Bücher Ihnen wunderschöne Beispiele anbieten, die Sie aber überhaupt nicht brauchen können. Sie sind vielleicht beeindruckt von den brillanten Schachzügen der Firma X, letztlich aber werden Sie frustriert sein. Denn es ist nicht immer anregend, von den herausragenden Leistungen anderer zu lesen, wenn die eigenen Managerangelegenheiten einen so allmählich zum Verzweifeln bringen. Der Einfluß allzu vieler solcher positiver Bücher wird negativ, weil Sie sich selber am Ende für unzureichend halten.

Ich sage nicht, man könne aus einem guten Beispiel nicht lernen: Mein Sonntagsschullehrer glaubte daran, und ich tue es auch. Aber haben Sie noch nie bemerkt, daß sich die guten Beispiele im Laufe der Zeit verändern, während die schlechten offenbar vollkommen zeitlos sind? Während ich zum Beispiel an dieser Einleitung schreibe, analysiert die neueste Ausgabe des *Fortune*-Magazins, was in der wirtschaftlichen Rezession des Jahres 1984 mit einigen Firmen schiefging, welche Peters und Waterman in ihrem Buch »Auf der Suche nach Spitzenleistungen« als Paradebeispiele für gutes Management dargestellt hatten. Das bedeutet nun nicht, daß die beiden Autoren eine falsche Wahl getroffen hatten, sondern nur, daß sich Situationen eben ändern – und mit ihnen auch das Glück, wenn Sie fatale Fehler begehen.

Fragen Sie sich selbst: »Welches war meine beste Lernerfahrung und mein größter Triumph als Manager?« Welche Geschichte erzählen Sie den jungen Mitarbeiterinnen und Mitarbeitern im Büro, wenn es an der Zeit ist, Ihre Leistungen wieder einmal ins richtige Licht zu rücken? Erzählen Sie ihnen dann nicht, wie Sie die Kastanien aus dem Feuer holten, wie Sie mit diesem und jenem Problem fertig wurden, wie Sie diese oder jene schwierige Situation retteten oder wie Sie plötzlich das Ziel vor sich sahen, nachdem Sie mit einem blauen Auge davongekommen waren? Wenn Sie aus dem gleichen Holz geschnitzt sind wie ich, dann haben Sie alles, was Sie über Autos wissen, gelernt, indem Sie an alten Wracks herumbastelten. Ihre Erfolge taten Ihnen bestimmt wohl, aber eigentlich lernten Sie mehr aus Ihren Fehlern. Und jeder gute Manager, mit dem ich je gesprochen habe, sagt genau das gleiche. Ich glaube sogar, daß das amerikanische Know-how sich eben dadurch auszeichnet, daß die Amerikaner sich Hals über Kopf in ein Problem stürzen.

Zu hören, was für andere gutging, läßt Sie nicht immer Einsicht in das gewinnen, was für Sie schiefläuft. Ich habe aber die gleichen Dinge bei tausend Managern fehlgehen sehen, ich habe beobachtet, wie alle die gleichen 13 Todsünden begingen, und ich weiß mit absoluter Sicherheit: *Sie können aus deren Fehlern lernen!*

Weil deren Fehler wahrscheinlich auch die Ihren sind.

»Nun gut«, werden Sie sagen, »ich kann aus schlechten Beispielen lernen, aber weshalb denn so dramatisch, Steve? Versuchst du, mit den ›Todsünden‹ ein paar Bücher mehr zu verkaufen?« Sicher! Dieser Titel klingt natürlich spannender. Aber lassen Sie mich Ihnen eine kleine Geschichte erzählen, damit Sie meinem Gedankengang folgen können.

Mein Personal Computer hat eine lästige kleine Mitteilung in seinem Textverarbeitungsprogramm, die öfter aufleuchtet, als mir lieb ist. Wenn ich wieder einmal alles durcheinandergebracht habe, leuchtet unten am Bildschirmrand die Mitteilung *fataler Fehler* auf. Ich hatte demnach mehr als nur einmal Gelegenheit, in der Bedienungsanleitung nach der Bedeutung dieser »Fehlermeldung« zu suchen. Die Definition ist kurz und prägnant (und somit eine Rarität für dieses sonst kaum verständiche Handbuch). Sie lautet: »Das Dokument, das Sie gestalten oder ausdrucken wollen, ist irgendwie durcheinandergebracht worden, weil Sie widersprüchliche Befehle eingegeben haben.« Die meisten Fehler von Managern sind von der gleichen Art. Jemand hat widersprüchliche Signale ausgesandt, und der Geschäftsvorgang wurde in fataler Art durcheinandergebracht.

Die wahre Kunst des Managements liegt, so glaube ich, nicht in der Kunst, Gewinn zu erzielen, wie dies in allgemein beliebten Fachbüchern so oft gesagt wird; sie erfordert vielmehr die Kunst, Zustimmung zu gewinnen. Es ist die Kunst, sich klar mitzuteilen sowie Aufgaben und Ziele sorgfältig zu überwachen und dann die Leute gerecht zu belohnen, die sie erreicht haben, weil sie sich ihnen aufgrund von Firmen- und persönlichen Interessen voll und ganz verschrieben haben.

Für wen ist das Buch?

Dieses Buch ist für Manager oder all jene, die eines Tages Manager sein wollen. Es ist für alte Manager. Für junge Leute, die noch am Anfang ihrer Laufbahn stehen. Und es ist ganz besonders für Frauen, die in immer größerer Zahl in den Chefetagen Einzug halten.

Alte Manager brauchen dieses Buch, weil sie manche Dinge so lange falsch gemacht haben, daß sie schon selber glauben, sie würden sie richtig machen. Wenn sie eine einigermaßen erfolgreiche Laufbahn hinter sich oder eine gewisse Position mit Autorität erreicht haben, sagt ihnen vermutlich jedermann, sie hätten in allen Dingen immer recht. Und das ist falsch. Fatal falsch.

Junge Leute brauchen dieses Buch, weil die Geschäftswelt, die sie sehen, in keiner Weise der entspricht, über die sie lesen – weder in Schulbüchern noch in Romanen. Sie wissen, daß da etwas vor sich geht, aber es ist, als ob man einer balinesischen Tänzerin zuschauen würde. Man weiß, daß alle Bewegungen der Hände, Füße und Augen etwas bedeuten. Aber was wohl? Jeder junge Manager hat alles darüber gelesen, wie man Angestellte motiviert; aber dann bekommen sie es mit dem alten Kurtz zu tun, der vierzig

Jahre älter ist als sie, auf der Karriereleiter jedoch zwei Sprossen unter ihnen steht, und er sagt ihnen, so könne man das nicht tun, es sei nie so gemacht worden und so mache man es nicht.

Und die ganze Sache ist natürlich noch wesentlich schlimmer, wenn der alte Kurtz einer der produktivsten Leute ist.

Und schließlich hoffe ich, dieses Buch sei vor allem für die Frauen nützlich. Ich brachte am Anfang meiner Karriere ein paar Jahre damit zu, erfolgreich Immobilien zu verkaufen, und die Fortune-Gruppe hat auch mit vielen Verkaufsorganisationen zu tun gehabt. Der Verkauf werde in den neunziger Jahren die besten Karrierechancen bieten, prophezeit die *New York Times*. Und ich persönlich glaube, daß davon vor allem die Frauen profitieren werden. Im Immobiliengeschäft erlebte ich, wie das Geschäft vom weißen Hemd mit Krawatte auf Seidenbluse und maßgeschneidertes Kostüm überging. Und da sich Frauen heute im Verkauf, aber auch in andern Gebieten, so viel mehr Möglichkeiten bieten, möchte ich viel Unsinniges richtigstellen, was andere den Frauen über das Management weisgemacht haben. Einige Bücher versuchen, die Frauen einzuschüchtern, indem sie ihnen ominös versichern, das Management sei ein männliches Ritual, das auf militärischen Formen, Konkurrenzkampf und der Psychologie der Männlichkeit beruhe. Sie lassen kein Klischee über die Managementausdrücke aus, die aus der Sportsprache stammen: *auf ein Ziel losgehen, am Ball bleiben, einen Treffer landen* usw. Diese Bücher pflegen den Frauen Angst einzujagen, und Angst verkauft sich im allgemeinen gut. Sie geben vor, ihnen »Insider-Informationen« zu vermitteln und ihnen »alle Tricks beizubringen, die ihnen Mama nicht beigebracht hat«, damit Frauen in einer Männerwelt bestehen können.

Sehen Sie sich die Sache aber einmal in einem anderen Licht an:

Mike Vance, der in ganz Amerika berühmte Motivator, sagt, Bemuttern sei Managen. Keine Mutter wird je sechs Monate zögern, ihren Sprößling, der das Fell seiner Katze im Mikrowellenofen trocknen will, zu korrigieren. Mütter wissen, wie man mit Konflikten umgeht, wie man Verhalten korrigiert und leitet, wie man untergeordnete Menschengruppen motiviert und Ziele für die andern setzt. All das Gelernte ist mindestens so bedeutend wie zu lernen, den Ball mit Effet zu spielen oder sich nach Pfadfinderart die Hand zu schütteln. Was Mütter ihren Töchtern beibringen, scheint mehr auf das heutige Management übertragbar zu sein als das, was Väter ihren Söhnen beibringen. Da immer mehr Frauen in höchste Positionen aufsteigen, wird ihr Stil in zunehmendem Maße das Geschäft prägen. Vielleicht ist diese Veränderung zu freierer und demokratischerer Organisation ebensosehr auf die in die Arbeitswelt eintretenden Frauen zurückzuführen wie auf die höhere Bildung, der wir sie in der Regel zuschreiben.

Verstehen Sie mich bitte nicht falsch. Obwohl Bemuttern gleichbedeutend mit Managen sein kann, bedeutet Management nicht Bemutterung. Ich bin fest davon überzeugt, daß es eine sehr feine Intuition in bezug auf Menschen erfordert. Mark McCormack beschreibt es in »Was man an der Harvard Business School nicht lernt« (Verlag moderne Industrie) als Gespür für Menschen:

»Ob es darum geht, ein Geschäft abzuschließen oder um eine Gehaltserhöhung zu bitten, fünftausend Verkäufer zu motivieren oder mit einem Geschäftspartner zu verhandeln, ein neues Unternehmen aufzukaufen oder ein altes grundlegend zu verändern – jede Situation im Geschäftsleben ist im Grunde eine Situation, in der es primär um zwischenmenschliche Beziehungen geht. Und nur die Führungskräfte sind erfolgreich, die ein feines Gespür für

Menschen entwickeln und wissen, welchen praktischen Nutzen Sie daraus ziehen können.«

(Übersetzung: Ursula Bischof)

»Den Männern bringt man das Reden bei, den Frauen das Zuhören«, pflegte meine Mutter zu sagen. Deshalb glaube ich auch, daß die Frauen eben um jene Nasenlänge voraus sind. Sie lernen schon sehr früh, andere zu verstehen.

Mary Kay Ash, möglicherweise die erfolgreichste Unternehmerin der amerikanischen Geschäftswelt, sagt es in ihrem Buch »Mary Kay On People Management« folgendermaßen: »Gute Manager sind gute Zuhörer. Gott gab uns zwei Ohren, aber nur einen Mund, damit wir zweimal soviel zuhören wie sprechen. Wenn man zuhört, hat man zwei Vorteile: Man bekommt die notwendigen Informationen, und man verleiht dem andern Menschen das Gefühl, wichtig zu sein.«

Mark McCormack sagt dazu: »Die Fähigkeit zuzuhören, wirklich zu verstehen, was jemand sagt, hat natürlich weit größere Auswirkungen auf das Geschäftsleben als gute Menschenkenntnis. Im Verkaufsbereich beispielsweise gibt es wohl kaum ein Attribut, das wichtiger wäre. Man kann sogar behaupten, daß Verlauf und Ausgang der meisten Situationen im Geschäftsleben verschieden sind, je nachdem, ob jemand zuhören kann oder nicht.

Als ich mich darauf vorbereitete, dieses Buch zu schreiben, fragte ich mehrere Geschäftsfreunde – von denen manche große Unternehmen leiten –, welche Ratschläge sie geben würden, wollten sie ihre Erfahrungen zu Papier bringen. Bei fast allen stand an erster Stelle: ›Gut zuhören lernen.‹ «

Management ist, so glaube ich, die Kunst, Zustimmung für Ziele zu gewinnen und diese durch andere zu erreichen. Ich widme dieses Buch dem Ziel, Ihnen zu zeigen, wie sich die üblichen Fehler von Managern vermeiden lassen und wie Sie Ihren eigenen Stil, Ihre Persönlichkeit und Ihre Talente einsetzen müssen, damit andere dazu angeregt werden, die ihren zu nützen, um Ihr gemeinsames Ziel zu erreichen.

Jedes Kapitel trägt das Seine dazu bei. Am Ende eines jeden Kapitels habe ich einen passenden persönlichen Aktionsplan beigefügt, wie wir ihn auch in den Ausbildungskursen der Fortune-Gruppe verwenden, um Managern zu helfen, ihre Fehler zu erkennen und entsprechend zu handeln. Füllen Sie auf jeden Fall jeden Plan für die Fehler aus, die Sie korrigieren und vermeiden möchten, und halten Sie sich dann genau an die vorgesehenen Schritte, um Ihre Erkenntnisse sofort in die Tat umzusetzen.

Wenn ich nichts anderes tue, als Ihnen bestätigen, daß Sie gewisse Dinge richtig machen, und Ihnen helfe, nur eine Sache zu erkennen, die Sie falsch machen, dann hat dieses Buch sein Ziel erreicht: Es hat Ihnen geholfen, Menschen nun effizienter zu führen und Ihre Karriere noch erfolgreicher zu gestalten.

Anmerkung des Verlags: Der Einfachheit halber wird auf die weibliche Form von »Manager« verzichtet. Selbstverständlich spricht der Autor aber Frauen und Männer an.

Todsünde Nr. 1

Sich weigern, persönliche Verantwortung zu übernehmen

Zunächst müssen wir uns mit dem geschäftlichen Erfolg befassen. Auf welchen Grundlagen baut er auf? Welches ist der wirkliche Schlüssel dazu?

Die fünf Voraussetzungen für den geschäftlichen Erfolg

Die folgenden Voraussetzungen sind für den Erfolg irgendeines Unternehmens unabdingbar.

1. Ein qualitativ hochstehendes oder einmaliges Produkt.
2. Das richtige Timing.
3. Das erforderliche Kapital.
4. Die richtigen Mitarbeiter.
5. Ein effizientes Management.

Wenn das fünfte Element fehlt, sind auch die ersten vier nicht gegeben. Warum? Überlegen Sie einmal, welchen Einfluß das letzte auf die ersten vier hat. Ohne ein effizientes Management können die richtigen Entscheidungen über die Beschaffenheit des

Produktes und über den richtigen Zeitpunkt seiner Einführung auf den Markt unmöglich getroffen werden. Eine Firma ohne gutes Management kann das notwendige Kapital nicht aufbringen, geschweige denn erhalten. Und vor allem braucht es ein gutes Management, um die besten Mitarbeiter zu gewinnen, sie richtig einzusetzen und zu fördern. Jeder weitblickende Manager erkennt, daß das größte brachliegende Potential einer Firma dasjenige der Mitarbeiter ist. Als Manager sind wir dafür verantwortlich, daß diese ungeheuren Reserven an Talenten freigesetzt werden.

Ein leitender Angestellter einer großen amerikanischen Firma sagte einmal: »Nehmt mir meine Aktiva weg – aber laßt mir meine Organisation, und in fünf Jahren bin ich wieder ganz oben.« Geschäftlicher Erfolg ist nie einem glücklichen Umstand zu verdanken; er baut auf den Anstrengungen eines aufrichtigen und reaktionsfähigen Managements auf. Man könnte sagen, das Management sei der Schlüssel zum Erfolg.

Schieben Sie die Verantwortung nicht ab, sonst werden Sie abgeschoben

Im Geschäft ist das Management das A und O aller Dinge. Und um effizient arbeiten zu können, muß das Management Verantwortung tragen. Als Harry Truman Präsident der Vereinigten Staaten war, hing in seinem Büro im Weißen Haus ein Schild mit der Aufschrift: *Die Verantwortung bleibt hier.* Jeder Manager sollte dies übernehmen. Wenn Sie sich Ihre Organisation ansehen und die Leute nicht mögen, schieben Sie nicht ihnen die Schuld zu; der Fehler liegt bei Ihnen. Wenn Sie mit Ihrem Geschäftsvolumen nicht zufrieden sind, suchen Sie den Fehler auch bei sich, nicht nur bei der ungünstigen Marktlage. Wenn Sie an Ihren Gewinnzahlen etwas zu bemängeln haben, geben Sie die Schuld nicht der Inflation; untersuchen Sie vielmehr ihre Arbeitsweise einmal ganz genau. Die Verantwortung muß beim Management liegen. Und wenn Sie nicht dafür sorgen, daß sie da bleibt, werden Sie letzten Endes über sie stolpern. Der effiziente Manager übernimmt persönliche Verantwortung für die Ergebnisse.

Wenn sich ein Management in Schwierigkeiten befindet und die Warnsignale aufleuchten, hören wir Manager oft sagen: »Nun, *meine* Abteilung ist anders – *mein* Gebiet ist anders.«

Unsinn! Keine Abteilung, kein Gebiet ist »anders«. Wenn ein Manager so etwas sagt, beschwindelt er sich vielleicht selbst, aber er beschwindelt niemand anderen. Eigentlich meint er: »He, beurteilen Sie mich nicht nach den gleichen Kriterien, nach denen Sie andere Leute beurteilen. Messen Sie mich nicht mit dem gleichen Maßstab, mit dem Sie andere messen; wenn Sie das tun, falle ich durch. Aber solange Sie mit der Idee einiggehen, daß mein Gebiet anders ist, bleibt der Schwarze Peter am Gebiet hängen, und meine Hände bleiben sauber.«

Wählen Sie Ihren Weg

Im Prinzip gibt es im Leben zwei Aktionsmöglichkeiten: *Leistung* und *Ausreden.* Entscheiden Sie sich, welche Sie von sich selber – und von denen, die Sie führen – akzeptieren wollen.

Auf diesen zwei Handlungsweisen basieren zwei vollkommen unterschiedliche Einstellungen, und nur mit einer von ihnen kann man Erfolg haben. Die »Internalisten«, die auf Leistung ausgerichtet sind, übernehmen persönliche Verantwortung für ihre

Handlungen, Erfolge und Mißerfolge. Sie wissen, daß sie, wenn sie mit ihren Ergebnissen nicht zufrieden sind, nur in den Spiegel schauen müssen, um dem Schuldigen gegenüberzustehen.

Andere weigern sich, die Verantwortung für ihre Position im Leben zu übernehmen, und verschanzen sich hinter Ausreden. Weil sie die Schuld an ihren Mißerfolgen immer irgendeiner äußeren Ursache oder Bedingung oder andern Menschen zuschieben, bezeichnen wir sie als »Externalisten«. Wir wollen sie lieber nicht Manager nennen.

Die Formel zum Mißerfolg

Das Maß des Mißerfolgs, das einem Menschen nach der folgenden Formel zusteht, läßt sich voraussagen und berechnen: *Das Versagen eines Menschen ist direkt proportional zu seiner Bereitwilligkeit, gesellschaftsfähige Ausreden für Mißerfolge zu akzeptieren.* Externalisten gibt es jede Menge, und ihre gesellschaftsfähigen Ausreden würden ganze Bücher füllen. Hier seien nur ein paar als Beispiel erwähnt: »Ich hätte schon Erfolg, wenn meine Tochter im Teenageralter nicht wäre.« – »Glauben Sie mir doch, ich würde es schon schaffen, wenn da nicht dieser Zinsfuß wäre.« – »Mir würde heute die ganze Welt zu Füßen liegen, wenn es da nicht die Steuerbehörde gäbe.« – »Wissen Sie, wir hätten wirklich Erfolg, wenn dies, das oder jenes nicht wäre.« Hören Sie einem Externalisten genau zu, und Sie werden bemerken, daß er sich als Opfer darstellt. Ein Opfer zu sein gibt ihm in seinen Augen Anrecht auf das Mitgefühl anderer. Es bedeutet, daß er für das, was geschieht, nicht verantwortlich ist, und deshalb weicht er der Verantwortung für sein eigenes Versagen aus.

Der Internalist hingegen nimmt die Karten, die ihm das Leben in die Hand gibt, und spielt sie aus, so gut er kann. Wenn ich an Internalisten denke, erinnere ich mich unwillkürlich an einen guten Freund von mir, an Walter Frank, einen der erfolgreichsten Immobilienmakler in Kanada. Bis im Alter von siebenundzwanzig Jahren war Walter ein erfolgreicher Viehzüchter. Dann stellte er eines Morgens fest, daß er an Kinderlähmung erkrankt war und wohl sein Leben lang an den Rollstuhl gefesselt sein würde. Ein Externalist an Walters Stelle hätte aufgegeben. Er hätte eine sehr gute Ausrede gehabt, kein erfolgreicher Viehzüchter mehr zu sein. Doch Walter Frank, ein Internalist, gab nicht auf. Da er seinen ursprünglichen Beruf nicht mehr würde ausüben können, schaute er sich nach etwas anderem um. Ein Freund schlug ihm vor, er sollte es im Verkauf versuchen. Walter entschied sich für den Immobilienhandel, obwohl es da verschiedene Probleme gab. So war es ihm im Rollstuhl kaum möglich, sich frei in den Häusern zu bewegen; aber er ließ seine Kunden die hintersten Winkel erkunden, in die er selber nicht vordringen konnte, und dann sprach er mit ihnen über ihre Reaktionen, über die guten und die schlechten. Er stellte fest, daß er in seinem Rollstuhl sehr gut von Tür zu Tür gehen und mit den Bewohnern über den Verkauf ihrer Häuser sprechen konnte. Im zweiten Jahr war Walter bereits der beste Verkäufer in ganz Oshawa. Nach drei Jahren im Immobiliengeschäft eröffnete er seine eigene Firma, und heute leitet er eine der erfolgreichsten Immobilienfirmen in ganz Kanada. Eine Geschichte, die von Mut oder von Entschlossenheit handelt? Eigentlich ist es die Geschichte eines Mannes, der bereit war, persönliche Verantwortung für sein Leben zu übernehmen, anstatt einfach eine gesellschaftsfähige Ausrede für seinen Mißerfolg zu akzeptieren. Im Management kommen wir einfach nicht um die

Tatsache herum, daß wir Internalisten sein müssen. Um effizient zu managen, müssen wir die Fähigkeit haben, andere Menschen zu führen, und die Menschen folgen nur denen, die sie respektieren. Und Respekt verdient man sich, indem man persönliche Verantwortung übernimmt. Das heißt nun aber *nicht,* daß wir in allem, was wir anpacken, Erfolg haben werden oder daß wir jedes Ziel erreichen oder immer ganz oben landen. Aber es *heißt,* daß wir nach einem Fehlschlag oder bei einem schlechten Verlauf der Dinge sagen können: »Tja, nun hatte ich keinen Erfolg. Es war mein Fehler. Und ich habe etwas gelernt. Ich werde den gleichen Fehler nicht ein zweites Mal begehen, und ich werde diesen Mißerfolg in einen zukünftigen Erfolg verwandeln.«

Die drei unausgesprochenen Wörter

Ein wichtiger Aspekt der Verantwortung ist die Fähigkeit, zugeben zu können, daß man nicht allwissend ist. Schwache Manager sagen niemals »Ich weiß nicht«, sondern sie sagen: »Darüber sprechen wir später.« Und dann verschwenden sie einen halben Tag damit, sich irgendwo die Antwort zu verschaffen, um ihr Gesicht zu wahren. Andere wiederum geben sich herablassend: »Ich glaube, die Antwort wird Ihnen mehr sagen, wenn Sie sie selber suchen.« Und wieder andere lügen einfach und hoffen darauf, mit ihren Lügen richtig zu liegen.

All das erscheint doppelt unsinnig, wenn wir uns überlegen, daß das gesamte Wissen der Menschheit sich in jeweils zehn Jahren mehr als verdoppelt. (Und hier muß ich einfach anfügen, daß ich mich bei zwei Experten um diese Zahlen bemüht habe, und beide nannten mir ohne Zögern eine Zahl. Beide waren absolut unnachgiebig, obwohl ihre Aussagen weit voneinander abwichen. Aber keiner von ihnen wollte zugeben, daß er seiner Sache nicht sicher war.)

Wenn wir uns um Streitfragen drücken oder den Tatsachen ausweichen, wenn wir vorgeben, mehr zu wissen, als wir wirklich wissen, beweisen wir einen Mangel an emotionaler Reife, etwas, was ein Mensch in leitender Position in hohem Maße braucht. Harold Geneen bringt das deutlich zum Ausdruck:

»Eine der wichtigsten Eigenschaften einer guten Führungspersönlichkeit ist genügend Selbstvertrauen, um seine eigenen Fehler zugeben zu können und zu wissen, daß sie einen nicht vernichten. Der wahre Test besteht darin, möglichst früh erkennen zu können, was falsch ist, und sich dann zu beeilen, die Angelegenheit zu berichtigen. Auch ich habe bei ITT meinen Teil an Fehlern gemacht, und sie haben mich nicht vernichtet. Ich gab sie bei Direktionssitzungen einfach zu, und zwar oft mit den Worten: ›Ich glaube, ich habe auf die falschen Knöpfe gedrückt.‹ Und dann umriß ich meinen Plan, wie noch möglichst viel aus dieser Situation zu retten war. In der Regel wurde ein solches *mea culpa* sehr gut aufgenommen. Jedermann, der einen Fehler begangen hat, freut sich natürlich ein wenig darüber, den großen Mann dort oben einen zugeben zu sehen. Wenn man zugibt, daß man auch nur ein Mensch ist, ist gar nichts verloren, sondern sehr viel gewonnen.«

Jeder von uns projiziert ein Image für die Öffentlichkeit, aber wir haben noch ein anderes Image, ein wirkliches, das wir nur privat zugeben (wir nennen es unser Eigenkonzept). Je mehr das von uns projizierte Image unserem Selbstkonzept gleicht, desto größer ist unsere emotionale Reife.

Der Manager, dem es an emotionaler Reife fehlt, der sich gezwungen sieht, das Image des Allwissenden zu projizieren, der über alle Antworten verfügt, der verliert bald an Glaubwürdigkeit und zerstört in der Folge auch seine Fähigkeiten, Menschen zu führen.

Der Manager aber, der auf eine Frage, die er nicht beantworten kann, einfach sagt: »Sie haben da eine wichtige Frage aufgeworfen, und wir müssen eine Antwort darauf haben; versuchen Sie doch, ob Ihnen nicht eine dieser spezifischen Quellen hilft«, der vermittelt dem Angestellten das gute Gefühl, er wisse nun weiter und habe sogar noch ein Kompliment bekommen. Ein solcher Manager hat seine emotionale Reife bewiesen und wird respektiert.

»Die haben einen Fehler gemacht.«

Ein unvergeßliches Beispiel für die Weigerung, Verantwortung zu übernehmen, lieferte eine Folge der Fernseh-Dokumentarserie *60 Minutes.* Das Thema lautete: Verbrechen und seine Auswirkung auf Opfer und Täter.

In der New Yorker Untergrundbahn wurde ein Mann bei einem Raubüberfall angeschossen. Die Kugel tötete den Mann zwar nicht, doch erlitt er dabei einen so massiven Gehirnschaden, daß sein Leben eigentlich bloß noch ein Dahinvegetieren war. Die Sendung dokumentierte aber nicht nur die Wirkung auf den verletzten Mann, sondern auch auf seine Familie. Es war eine Kettenreaktion ausgelöst worden: Da der Mann nicht mehr arbeiten konnte, verlor er natürlich seine Stelle; folglich konnten die Hypothekarzahlungen nicht mehr geleistet werden, und die Familie verlor ihr Heim. Und es sollte noch schlimmer kommen: Seine

Frau konnte keine besonderen Qualifikationen vorweisen und mußte daher versuchen, ihre Familie mit niedrigsten Arbeiten und mit Hilfe der Sozialfürsorge über Wasser zu halten. Dieses sinnlose Verbrechen wirkte also über das Opfer hinaus auf weitere Unschuldige: auf seine Frau und seine Kinder.

Die zweite Hälfte der Sendung wurde im Gefängnis aufgezeichnet, wo ein Reporter den jungen Mann interviewte, der das Verbrechen begangen hatte. Als man ihn nach seiner Meinung zu seiner Strafe befragte, antwortete er: »Hey, Mann, die haben einen Fehler gemacht! Ich bin doch nicht wie die andern hier, und die haben mich hier mit Verbrechern eingelocht. Ich bin doch kein Krimineller! Mein Verbrechen war anders. Ich habe doch nur auf diesen Kerl geschossen, weil er sich wehrte, als ich ihn ausrauben wollte!«

Jener junge Mann hat überhaupt keinen Bezug zur Realität. Und wenn er aus dem Gefängnis entlassen wird, wird er weiterhin auf Leute schießen, bis er persönliche Verantwortung für seine Taten übernimmt. Ich meine, daß wir jedesmal, wenn wir als Manager sagen: »Meine Abteilung oder mein Gebiet ist anders«, den Bezug zur Realität genauso verlieren. Erst wenn wir persönliche Verantwortung für unsere Taten und deren Folgen übernehmen, können wir wahrhaft beginnen, effiziente Manager zu sein.

Eine Management-Philosophie

Ich glaube, einer der ersten Schritte zu effizientem Management ist die Entwicklung einer klaren Management-Philosophie. Und eine solche können wir nicht entwickeln, bevor wir nicht *Management* definiert haben. In den vielen Jahren, in denen wir mit

Managern aus den verschiedensten Branchen gearbeitet haben, hat die Fortune-Gruppe eine Definition für Management entwikkelt, die eine sehr lebensfähige Philosophie ausdrückt: »Management ist die Fähigkeit, vorbestimmte Ziele durch die freiwillige Mitarbeit und Anstrengung von andern Leuten zu erreichen.« Ich glaube, diese Definition hat schon aufgrund der Semantik Gültigkeit – aufgrund der Wörter, aus denen die Definition aufgebaut ist. Und drei davon möchte ich Ihnen näher erläutern.

Fähigkeit. Managen ist eine Fähigkeit, da wir Management-Techniken erlernen und sie durch Übung vervollkommnen können. Sie haben eine Gelegenheit und eine Verpflichtung, sich in der Führung von Leuten zu verbessern. Weil Sie als Manager mit dem Leben von andern Leuten »spielen«, sollten Sie darum bemüht sein, das notwendige Wissen zu erwerben, damit Sie die Leute so einsetzen können, daß diese ihr Bestes geben und Erfolg haben.

Erreichen. Management erfordert, etwas zu erreichen. Ich sage nicht, Management sei die Fähigkeit, hart zu arbeiten. Es bedeutet nicht, die besten Bemühungen zu geben oder es einfach zu versuchen. Das Management muß auf Resultate ausgerichtet sein.

In Trainingskursen und Seminaren, welche die Fortune-Gruppe durchführt, höre ich immer wieder Manager, die sich gegenseitig mit Geschichten über ihren harten Arbeitseinsatz übertrumpfen wollen. Man könnte jeweils meinen, das größte Tagesereignis sei die Verleihung eines wertvollen Preises an den Teilnehmer mit der unglaublichsten Geschichte. Aber es gibt keine Preise zu gewinnen, weil harte Arbeit keine Preise verdient. Nur Resultate berechtigen zum Empfang von Auszeichnungen. Ich kenne eine hervorragende Managerin, die zu ihren Leuten zu sagen pflegt: »Erzählen Sie mir nichts über die Wehen; zeigen Sie mir das Baby.«

Im Geschäfts-Management werden oft Analogien aus dem professionellen Sport herangezogen. Studieren Sie irgendeine Sportgeschichte, die eine bestimmte Sache erläutern will, und sie werden immer auf den gleichen Punkt zurückkommen: Man verliert oder gewinnt; nur in den unteren Ligen wird auch die Anstrengung um ihrer selbst willen honoriert.

Bei einem meiner zahlreichen Arbeitsbesuche bei der Royal Trust Company of Canada (einer Firma mit über 6000 Verkäufern) fragte ich einst Harry Kingsland, der viele Jahre lang als Direktor für die interne Schulung in dieser hervorragenden Organisation tätig war: »Sie waren doch bisher für die Ausbildung von unzähligen Managern verantwortlich. Können Sie mir den Unterschied zwischen einem wirklich effizienten und einem schlechten Verkaufs-Manager verraten?«

Ich hatte noch nie eine lakonischere Antwort gehört: »Steve, ganz einfach: Der tüchtige Manager ist der, der dafür sorgt, daß die Arbeit erledigt wird.«

Das ist alles, worauf es wirklich ankommt. Wir gewinnen im Management keine Prämien dafür, daß wir um sieben Uhr morgens ins Büro kommen und bis sieben Uhr abends dort bleiben. Niemand verteilt Preise dafür, daß man am Mittwochnachmittag nicht Golf spielen oder das Wochenende nicht mit seiner Familie verbringen kann. Wenn Sie eine schlaflose Nacht haben, weil einer Ihrer Leute Sie um Mitternacht wegen irgendeines Problems anruft, dann macht Sie das nicht zu etwas Besonderem. Für so etwas brauchen Sie keine Prämien zu erwarten.

Management weist viele Ähnlichkeiten mit Golf auf. Es geht nicht um das *Wie* – sondern um das *Wieviel*. Kürzlich spielte ich mit

Freunden Golf. Ich lochte einen Ball mit einem einzigen Schlag ein! Es war wohl der schlechteste Schlag meines Lebens. Ich traf den Ball falsch, er flog nach rechts, prallte von einem Baum wieder auf die Bahn zurück, schlug an einen Stein, rollte ins Grün und endlich ins Loch. Auf der Schlagkontrolle trug ich eine 1 ein!

Nachdem wir gewonnen hatten, sprachen mein Partner und ich nur über diesen einen Schlag, nicht über meine Fehler, denn es kam nicht darauf an, wie ich jenen Ball getroffen hatte; es war eine 1 – und das war alles, was zählte. Ich habe erlebt, wie die nachlässigste Verhandlungstaktik zu einem Geschäft geführt und wie ein in keiner Weise den Schulbüchern entnommenes Management Resultate erzielt hat. Denken Sie daran: Management ist *nicht* die Kunst, es wie die Profis zu *tun* – Management ist die Fähigkeit, etwas wie ein Profi zu *erreichen*.

Zu meinen besten Freunden zählt Dick Caruso, seines Zeichens Vizepräsident der Coldwell Banker/Residential Brokerage Services Division. Vorher war Dick Präsident der RichPort Realtors, einer Organisation mit Sitz in Chicago, die siebenundzwanzig verschiedene Abteilungen mit rund fünfhundert Verkäufern umfaßte. Ich hatte mit Dick und seiner früheren Firma als Berater sehr viel zu tun gehabt. Eines Abends, als wir uns nach einem langen Tag eine Pause für ein Abendessen leisten wollten, fragte ich Dick, ob ich sonst noch etwas für ihn tun könne, wo ich doch schon da sei.

Er überlegte einen Augenblick und meinte dann: »Ja, ich möchte, daß du mit einem unserer Manager sprichst. Es scheint, daß unsere Firma nicht gerade seiner wahren Berufung entspricht. Unsere Firma ist nur seine Nebenbeschäftigung; seine wahre Berufung ist das Kartenspiel.«

Ich wollte mehr über diesen Mann wissen, und Dick berichtete:

»Er kommt morgens so für eineinhalb Stunden ins Büro, dann geht er in den Country-Club gegenüber, wo er den ganzen Tag lang Karten spielt. Dann kommt er nochmals für vielleicht eine gute Stunde ins Büro zurück und geht dann nach Hause.«

»Dick, bevor ich mit ihm spreche, möchte ich noch wissen, was mit seiner Abteilung los ist. Zunächst einmal: Die wievielte Stelle unter euren siebenundzwanzig Abteilungen nimmt seine ein?«

»Oh, er liegt an der Spitze.«

»Wie steht's mit dem Geschäftsvolumen?«

»Seine Abteilung macht mehr Umsatz als irgendeine andere.«

»Und wie steht's mit dem Gewinn?«

»Keine andere Abteilung macht mehr.«

Ich vermutete, es handle sich hier um den Fall eines Mannes, der sein Leben damit zubringt, eine Abteilung aufzubauen, und sich dann entschließt, sich bei vollem Lohn zur Hälfte ins Privatleben zurückzuziehen. Deshalb fragte ich weiter: »Und wie sieht es mit dem Wachstum aus?«

Dick sagte: »Oh, prozentual setzt seine Abteilung mehr als alle andern zu. Es gibt kaum Wechsel unter seinen Verkäufern, und sie verehren ihn förmlich.« Dick seufzte und fragte: »Was meinst du, Steve, was sollen wir tun?«

»Ich glaube, wir sollten noch sechsundzwanzig andere suchen, die so sind wie er. Er ist der beste von allen!«

Und so ist es doch: Dieser Mann tat, was wir alle gern lernen würden. Er hatte einen Weg gefunden, seine Aufgabe als Manager so zu erledigen, daß all seine Leute sich optimal einsetzten und damit die Produktivität und Rentabilität steigerten. Ehrlich gesagt, ich könnte es nicht, aber nur, weil *ich* es nicht kann, bedeutet das nicht, daß *er* es nicht konnte. Wie lange oder wie hart einer von uns arbeitet, bedeutet wenig; wieviel jeder von uns produziert, wieviel jeder von uns von unseren Untergebenen bekommt, das ist das, was wirklich zählt.

Freiwillig. Management bedeutet, im voraus bestimmte Ziele durch die *freiwillige* Mitarbeit und Anstrengung von andern Leuten zu erreichen. Ich glaube manchmal, die von uns, die im Management tätig sind, vergessen, daß ein Geschäft nicht eine Art Altar ist, vor dem die Leute einem Gott huldigen, daß ein Geschäft, Ihres oder meins, nichts anderes ist als ein Mittel, das nur dazu da ist, menschliche Bedürfnisse zu befriedigen und menschliche Probleme zu lösen. Mit unseren Produkten und Dienstleistungen befriedigen wir menschliche Bedürfnisse und lösen menschliche Probleme. Wenn wir unser Geschäft erfolgreich führen und die freiwillige Mitarbeit und Anstrengung unserer Angestellten erreichen wollen, muß unser Geschäft die Bedürfnisse dieser Angestellten befriedigen. Ich glaube, allzu viele Manager gehen da in die Falle, indem sie glauben, ihre Angestellten seien dazu da, ihnen zu dienen, statt ihre eigenen Bedürfnisse zu befriedigen.

Vor mehreren Jahren arbeitete ich als Berater für eine Verkaufsorganisation im Staat Ohio, deren über vierhundert Verkäufer größtenteils auf Provisionsbasis arbeiteten. Einer der Manager brachte mich nach einer Konferenz zu meinem Hotel, und unterwegs bat er: »Steve, ich möchte, daß Sie mit einer unserer Verkäuferinnen in meiner Abteilung sprechen.«

»Warum denn?« erkundigte ich mich.

»Nun, sie weigert sich einfach, ihr Maximum zu erreichen. Sie könnte mindestens hunderttausend Dollar pro Jahr verdienen; sie hat nie weniger als fünfzigtausend Dollar im Jahr verdient, aber seit zwei Jahren will sie einfach nicht mehr als dreißigtausend verdienen.«

Das schien mir nun eine sehr interessante Situation zu sein, und ich wollte gern mit ihr sprechen, weil mir dies so ungewöhnlich vorkam, aber ich sagte: »Bevor ich mit ihr spreche, erzählen Sie mir bitte noch etwas mehr über sie.«

»Wie meinen Sie das?«

»Nun, warum ist sie bei Ihnen?«

»Wissen Sie, sie wollte eigentlich nie arbeiten.«

»Was soll das heißen?«

»Sie war mit knapp zwanzig verlobt, heiratete, als sie noch auf die Universität ging, schloß ihr Studium aber nie ab. Als sie sechsundzwanzig war, starb ihr Mann, ohne ihr irgend etwas zu hinterlassen. Mit zwei kleinen Mädchen und ohne jegliche Qualifikationen nahm sie die einzige Arbeit an, die sie bekommen konnte: Sie ging mit einem Entkalkungsmittel von Haustür zu Haustür. Dabei war sie ganz erfolgreich, sparte etwas Geld, hatte schließlich ein wenig Kapital und trat in unsere Firma ein. Seit sie zu uns gekommen war, gehörte sie stets zu unseren Besten – sie verdiente nie weniger als fünfzigtausend Dollar im Jahr. Nun sind ihre Kinder erwachsen und verheiratet, und sie will nur noch dreißigtausend verdienen. Was soll ich Ihrer Meinung nach unternehmen?«

»Ich glaube, Sie sollten ins Geschäft zurückfahren, ihr um den Hals fallen, dann auf die Knie sinken und für weitere vierhundert Verkäufer der gleichen Art beten.« Wer sagt, sie könne hunderttausend Dollar pro Jahr erreichen? Ihr Manager? Wer sagt, sie sollte fünfzigtausend Dollar pro Jahr verdienen? Ihr Manager? Werfen Sie doch nur einen kurzen Blick auf das Leben dieser Frau: verwitwet, zwei kleine Kinder, bei Hitze und Kälte auf der Straße, um Entkalkungsmittel zu verkaufen, Geld sparen, eine Stelle in einem Geschäft antreten, fünfzigtausend Dollar pro Jahr verdienen. Nun sind ihre Kinder aus dem Haus; sie will dreißigtausend

Dollar verdienen und den Rest ihrer Zeit dazu benützen, zu reisen und ihre Enkelkinder zu besuchen. Warum nicht? Das befriedigt ihre Bedürfnisse.

Ich weiß nicht, warum er glaubt, sie müsse fünfzigtausend oder hunderttausend Dollar im Jahr verdienen, aber ich könnte mir da schon einen Grund vorstellen. Denn sehen Sie, je mehr sie verdient, desto mehr verdient auch er. Aber ich glaube, daß er eher fünf andere Leute findet, die fünfzigtausend Dollar im Jahr verdienen und sein Einkommen viel schneller erhöhen, als daß er diese Frau, die dreißigtausend Dollar braucht, je dazu bringen wird, fünfzigtausend Dollar zu verdienen. Wenn er sie weiter unter Druck setzt, wird er sie verlieren! Und eigentlich sollte er sie verlieren, denn sie ist nicht dazu da, ihm zu dienen. Sie ist da, um ihre eigenen Bedürfnisse zu befriedigen. Nun, wenn ihr Gebiet nichts mehr hergegeben hätte oder wenn ihr Einkommen unter den Mindeststandard der Firma abgesunken wäre, dann wäre das eine andere Sache gewesen. Aber in dieser besonderen Branche hatte niemand ein bestimmtes Gebiet zugeteilt, und die Frau verkaufte weit über dem Minimum, das die Firma festgelegt hatte. Er kann ihre freiwillige Mitarbeit nicht gewinnen, wenn sie nicht ihre eigenen Bedürfnisse ebensosehr befriedigt wie diejenigen ihrer Organisation.

Widerstand gegen das Management

Was ich nun sage, hören Sie vielleicht gar nicht gern. Aber wenn ich es nicht erwähnte, wäre ich nicht ehrlich mit Ihnen. Es gibt da eine Tatsache im Leben, die Sie akzeptieren müssen. Wenn Sie eine Position im Management innehaben, mißtraut Ihnen jede

Person, die Ihnen untersteht. Wir alle zweifeln am Management. Wir wissen es aus den Lehren verschiedener großer Fachleute. Offen gesagt, die Geschichte zeigt doch, daß sich das Management einiger böser Mißbräuche im Umgang mit Menschen schuldig gemacht hat. Wenn nicht, hätten wir nie unsere Probleme mit Kinderarbeit und Ausbeutungsbetrieben gehabt. Folglich wurde jedermann bis zu einem gewissen Grad zum Glauben erzogen und konditioniert, das Management benütze ihn, das Management betrachte ihn nur als Werkzeug, das eben vom Management eingesetzt wird, um die Ziele des Managements zu erreichen.

Weil Sie sich darum Sorgen machen, kommen Sie mit einer Idee, die Sie nur nach einem einzigen Kriterium beurteilt haben: Ist sie gut für meine Untergebenen? Wird sie ihnen mehr Möglichkeiten bieten? Wird sie ihre Aussichten auf Erfolg vergrößern? In Ihrem tiefsten Innern beantworten Sie die Frage: *»Ja! Das ist das Beste, was ich wahrscheinlich für sie tun kann.«*

Sie sind von Ihrer Idee begeistert. Sie können es kaum erwarten, sie vorzubringen. Sie rufen Ihre Leute zu einer Sitzung zusammen und erklären ihnen, was Sie *für* sie zu tun gedenken – dann berufen diese ihre eigene Sitzung ein und diskutieren darüber, was Sie ihnen wohl *antun* wollen. So ist das Leben.

Den Menschen ist schlicht und einfach beigebracht worden, sich unserer Führung zu widersetzen. Ich glaube nicht, daß das je vollkommen eliminiert werden kann. Die einzige Chance, diese Kommunikationsbarriere je zu überwinden, diesen Widerstand gegen unsere Führung je zu brechen, ist ein im Alltag effizientes Management. Wir müssen unsere Untergebenen wissen lassen, daß wir keine Sklaven wollen. Daß wir lieber mit ihnen zusammenarbeiten, und zwar in einer gegenseitigen Beziehung, die so aufgebaut ist, daß jeder und alle Beteiligten ihre eigenen Bedürfnisse befriedigen können.

Der erste Schritt auf dem Weg zu einer solchen Beziehung besteht darin, daß wir als Manager Internalisten sind, daß wir persönliche Verantwortung für unser Tun übernehmen. Stellen Sie anhand von Tabelle 1 ein entsprechendes Inventar für Ihre eigene Situation als Manager zusammen.

Tabelle 1

Inventar persönlicher Verantwortungen

Welches sind die Bereiche, für die ich verantwortlich sein muß?	Was muß ich unternehmen?

AKTIONSPLAN
um die Todsünde Nr. 1 zu vermeiden, indem Sie persönliche Verantwortung übernehmen

Eines der Mittel, die die Fortune-Gruppe erfolgreich anwendet, ist der Fortune-Aktionsvertrag. Nach jedem Kurs lassen die meisten Firmen ihre »Studenten« einen solchen Vertrag zur Nachkontrolle ausfüllen.

Wir legen Ihnen hier ebenfalls einen Vertrag für dieses Programm vor.

Anweisungen zum Ausfüllen des Aktionsvertrages

1. Notieren Sie unter Punkt 1 den wichtigsten Gedanken, den Sie im Verlauf dieser Sitzung gehabt haben.

2. Notieren Sie unter »Das werde ich daraus machen«:

   A Was Sie tun wollen.
   B Wann Sie es tun wollen.
   C Mit wem Sie es tun wollen.

3. Welchen Vorteil wird es für Sie haben, wenn Sie diesen Gedanken verwirklichen?

4. In unseren Sitzungen geben wir der Gruppe eine einminütige Vorbereitungspause, während der jeder Teilnehmer einen Vertrag mit seinem Nachbarn, mit einem andern Kursteilnehmer, mit der Person, die ihm den Kursbesuch ermöglicht hat, oder mit seinem Manager abschließt. Wir schlagen vor, daß auch Sie sich eine entsprechende Person aussuchen.

   A Sagen Sie dieser Person, was Sie tun wollen.
   B Sagen Sie ihr, wie Sie es tun wollen.
   C Sagen Sie ihr, welche Vorteile für Sie damit verbunden sind.

5. Vergessen Sie auf keinen Fall, das Datum des Vertragsabschlusses und das Datum der Nachkontrolle für die Person, mit der Sie diesen Vertrag abschließen, einzutragen.

Fortune-Aktionsvertrag

Weil ich das Gefühl habe, dies sei der wichtigste Gedanke, der mir beim Lesen dieses Kapitels gekommen ist, verpflichte ich mich hiermit, ihn in den nächsten sieben Tagen umzusetzen.

1. Dies ist der wichtigste Gedanke, den ich diesem Kapitel entnommen habe und den ich persönlich anwenden kann:

___

___

___

2. Das werde ich daraus machen:

___

___

___

3. Was ich gewinne, wenn ich ihn anwende:

___

___

___

4. Jemand, mit dem ich diese Gedanken teilen kann:

___

___

___

Datum des Vertrages: ___

Kontrolldatum: ___

Todsünde Nr. 2

Es unterlassen, die Leute zu fördern

Management hat einen wichtigen Zweck, nämlich *für das Fortbestehen des Unternehmens über Zeit, Personalwechsel und Absenzen hinweg zu sorgen.* Ein richtig geführtes Unternehmen kann auch über Generationen von Angestellten hinweg und trotz zeitweiliger oder dauernder Abwesenheit eines beliebigen Managers erfolgreich weiterarbeiten. Dies bedeutet, daß der Betrieb, den Sie leiten, auch dann reibungslos weiterlaufen muß, wenn Sie beim Mittagessen, bei einem Seminar, auf Geschäftsreise, im Urlaub oder krank sind. Zudem darf auch Ihre permanente Abwesenheit infolge von Positionswechsel, Pensionierung, Krankheit oder gar Tod Ihr Unternehmen nicht lahmlegen. Geschieht dies dennoch, vernachlässigen Sie Ihre Pflichten als Manager.

Ineffizientes Management

Jedesmal, wenn ich mit einer Gruppe von Managern ein Seminar durchführe, gebe ich den Anwesenden in den drei Pausen je einen Test, der über ihre Effizienz als Manager Auskunft gibt. Jene Manager, die in der Mittagszeit oder in einer der beiden Pausen ihre Firma anrufen müssen, haben den Test nicht bestanden, denn jeder gute Manager kann es sich leisten, einen einzigen Tag seinem Büro fernzubleiben, ohne daß dort das Chaos ausbricht.

Es überrascht mich immer wieder, wie viele Manager eigentlich nicht in ihrer Firma anrufen müßten, es aber trotzdem tun. Wir wissen doch alle, daß jemand aus unserem Büro sich bei uns melden würde, wenn es ein so großes Problem gäbe, daß sich der Manager in der Tat selber darum bemühen müßte. Aber es fällt uns schwer zuzugeben, warum Manager diese Anrufe tätigen: Sie brauchen das Gefühl, gebraucht zu werden, und nur wenigen von uns ist bewußt, wie stark dieser Wunsch eigentlich ist. Die meisten von uns sind im Management tätig, weil sie ausgezeichnet Probleme lösen können. Je mehr Probleme wir lösen, desto mehr Leute werden von uns abhängig und desto mehr Befriedigung gewinnen wir aus dem Lösen von Problemen. Je kleiner und einfacher das Problem, desto rascher können wir es lösen und die doppelte Befriedigung von Leistung und Abhängigkeit genießen.

Haben Sie jemals von einer Mutter gehört, die nicht fähig gewesen wäre, ihre Schürzenzipfel abzuschneiden, als Klein Johnny oder Jenny heiratete oder auf die Universität ging? Die Situation weist Parallelen zu einem Manager auf, der aus persönlicher Unsicherheit Abhängigkeiten aufbaut.

Natürlich gibt es Probleme, die von Managern gelöst werden sollten. Aber das sind die einmaligen, die schwierigen, die niemand vorausahnen konnte. Aber wenn Sie einem Untergebenen die Erfahrung vorenthalten, seine eigenen Routineprobleme zu lösen, nehmen Sie ihm auch die Gelegenheit, daran zu wachsen, d. h. Sie lassen ihn im Stich. Wenn Sie bei einer ein- oder zweitägigen Abwesenheit am Morgen schon um 10 Uhr 30 im Büro anrufen, sagen Sie damit nichts anderes als: »Ich glaube nicht, daß du dir auch nur zwei Stunden lang Schwierigkeiten vom Hals halten kannst, wenn ich nicht da bin, um dir über die Schulter zu schauen.« Bald werden die Angestellten eine so niedrige Meinung von sich haben, wie Sie sie ihrer Vermutung nach von ihnen wohl auch haben.

Mary Kay Ash hingegen sagt, Manager müßten als Gärtner die Samen der Größe hegen und pflegen:

»Jeder Manager sollte begreifen, daß Gott jedem menschlichen Wesen Samen der Größe eingepflanzt hat. Jeder von uns ist wichtig, und ein guter Manager kann diese Samen dazu bringen, Früchte zu tragen. Es ist beklagenswert, daß die meisten von uns ins Grab gehen, ohne daß unsere Musik je gespielt worden wäre! Man hat gesagt, wir nutzten nur 10 Prozent der uns von Gott gegebenen Fähigkeiten, und die andern 90 Prozent würden nie angezapft ...

Meine Erfahrung mit Menschen hat mir gezeigt, daß sie in der Regel *tun, was man von ihnen erwartet!* Wenn man von ihnen gute Leistungen erwartet, werden sie diese erbringen; erwartet man von ihnen hingegen eine schlechte Leistung, werden sie wahrscheinlich auch da mitspielen. Ich glaube, durchschnittliche Angestellte, die sich alle Mühe geben, Ihren hohen Erwartungen zu entsprechen, leisten mehr als überdurchschnittliche Leute mit einer geringen Selbstschätzung. Motivieren Sie Ihre Leute dazu, die ungenutzten 90 Prozent ihrer Fähigkeiten anzuzapfen, und ihr Leistungsniveau wird steil ansteigen!«

Wer sein Bedürfnis nach Zuneigung nicht überwinden kann, baut nie starke, produktive Leute auf; folglich bleiben die Teams schwach. Man kann nicht ein starkes Team mit schwachen Individuen aufbauen. Der Test eines Managers ist nicht, was er tun kann, sondern was seine Leute ohne ihn tun können. Können sie die Routineaufgaben erledigen? Können sie Informationen produzieren, die von der Firmenleitung plötzlich gebraucht werden? Können sie sich bei einer Panne selbst helfen oder einen unzufriedenen Kunden zufriedenstellen? Größe und Umfang des Problems, das sie lösen können, zeigen das wahre Maß der Stärke eines Teams, das ein Manager aufgebaut hat.

Typen anstelle von Charakteren

Schwache Teams sind häufig aus merkwürdigen Typen zusammengesetzt. Es mag zwar unterhaltsam und lustig sein, solche Typen um sich zu haben, und deshalb müssen sich gewisse Manager auch einfach mit solchen Leuten umgeben. Es gibt sie in drei Arten: Hofnarren, Trottel und Exzentriker.

Der Hofnarr meint, zu seinen wichtigsten Pflichten gehöre es, jeden Morgen einen neuen Witz zu erzählen und Sprüche zu klopfen, damit die Leute in Stimmung bleiben. Nun, es ist bestimmt nichts dabei, wenn man einen guten Witz erzählen kann, doch der Hofnarr glaubt, er könne sich mit Witzen durchs Leben schlagen. Wenn ein Problem auftaucht, versucht er, sich mit Witzen aus der Situation herauszuwinden, und überläßt es den andern, mit dem Chaos fertig zu werden.

Daß Trottel ebenso gefährlich sein können, dürfte kaum überraschen. Was aber unter Umständen überrascht, ist der Grund, weshalb Manager solche Typen dulden: weil sie unterhaltsamen Gesprächsstoff für die ganze Abteilung liefern. Trottel lassen uns alle gut aussehen. Sie können darüber erzählen, wie Sie einen Trottel vor einer schwierigen Situation bewahrt oder ihn gar daraus gerettet haben. Aber man darf nicht erwarten, daß jemand den Kopf in die Höhe streckt, solange noch geschossen wird. Und der Trottel wird Sie oder das Team nicht retten, wenn Sie ihn brauchen.

Die Exzentriker, die auf ihre ganz eigene und amüsante Weise zu einer andern Trommel marschieren, passen sich in kritischen Zeiten dem Rhythmus des Unternehmens nicht an. Statt dessen begeben sie sich in eine sichere Ecke und bleiben dort, bis sich der Staub gelegt hat. Wir können einen Exzentriker als Person definieren, die mit der Gruppe, deren Zielen oder Verantwortlichkeiten nichts zu tun haben will. Ein solcher Mensch sieht die Welt nicht, wie andere sie sehen, und er glaubt der Gruppe in keiner Weise verpflichtet zu sein.

Ein Manager, der solche Typen einstellt, wird also nicht lange lachen. Wenn er unter Druck steht, wird er schreien, weil er sich auf diese Leute in seinem Team nur in einer Beziehung verlassen kann: Sie werden ihn im Stich lassen.

Während man eine Organisation nicht auf solche Typen aufbauen kann, kann man sie auf *Charaktere* aufbauen. Dies ist eine der wichtigsten Qualitäten, die man suchen sollte, wenn man einen neuen Mitarbeiter einstellen muß. Sie können jeder einigermaßen intelligenten Person, die zu Ihrem Team stößt, viel beibringen, doch Charakter muß man schon längst haben, bevor man alt genug ist, um in die Arbeitswelt einzutreten. Wenn Sie glauben, Sie könnten einem Fünfundzwanzigjährigen Charakter beibringen, dann haben Sie sich getäuscht; in neun von zehn Fällen wird es Ihnen nicht gelingen. Ich habe es versucht, und mit mir Tausende von ebenso sozial denkenden Managern. Erstens haben Sie keine Zeit dazu, und zweitens müssen Sie jedem Menschen eine gewisse minimale Verantwortung für sein Tun überlassen.

Ende der sechziger Jahre begann ich verschiedene Manager zu fragen: »Wer ist denn Ihrer Meinung nach der beste Manager der Welt?« Ich war damals überrascht, wie viele Manager mir die gleiche Antwort gaben: Vince Lombardi. Jeder hatte natürlich seine besondere Lieblingsgeschichte über den legendären Football-Trainer bereit, und wenn man ihm auch nur die kleinste Chance gab, sprudelte er freudig los. Sportbilder gehören nun einfach zum Management, aber was mich damals überraschte, war die Tatsache, wie wenige dieser Manager eigentlich die Essenz aus ihren Geschichten herauspickten und versuchten, es Lombardi gleichzutun.

Daß dem so ist, liegt meiner Meinung nach wohl daran, daß die meisten Manager – um in ihrer Sprache zu sprechen – sich nicht als Trainer, sondern als Quarterback verstehen, als Spieler, der den Ball einem Stürmer zuspielen soll.

Überlegen Sie sich nur, wie Lombardi als Manager wirken mußte. Gemäß den Regeln der National Football League darf der Coach die Seitenlinie nicht überschreiten und das Spielfeld betreten. Er mußte also vor dem Spiel und neben dem Ort des wirklichen Geschehens arbeiten. Vor dem Match bereitete er die Spieler vor, indem er die Probleme, die auf sie zukommen würden, im voraus ahnte und sie darauf vorbereitete, sich mit diesen Problemen auseinanderzusetzen. Er trainierte, beriet und ermutigte, aber er berührte nie einen Ball. Der Trainer kann seinen Spielern ihre Arbeit nicht abnehmen.

Ist das nicht das gleiche, was ein guter Vater ist? Sie können nicht die Hausaufgaben für Ihren Sohn lösen, aber Sie können ihm zeigen, wie man arbeitet, indem Sie arbeiten. Sie können die

Prachtforelle nicht für ihn herausziehen, aber Sie können ihm zeigen, wie man sie ködert. Und Sie können nicht sein Mann sein, aber wenn Sie wie ein Mann handeln, kriegt er vielleicht mit, was es heißt, ein Mann zu sein.

Ich glaube auch, daß ein Spieler in einem sportlichen (oder geschäftlichen) Wettkampf selten mehr leistet, als der Trainer von ihm erwartet. Jahrelang brach niemand den Meilenrekord von vier Minuten und ein paar Dutzend andere Rekorde, weil die damaligen Trainer ihren Schützlingen predigten, diese Rekorde seien unschlagbar. Doch als dann eine neue Generation von Trainern das Feld betrat, von denen jeder absolut davon überzeugt war, daß *die physische Leistung direkt proportional zur geistigen Disziplin zunimmt,* begannen die alten Rekorde zu fallen.

Denis Waitley, der berühmte Schriftsteller, Psychologe und Berater von Astronauten und Athleten, erzählt in »Der Kern unserer Kraft« (Oesch Verlag) folgende Geschichte:

»1980 sprach ich beim Festbankett anläßlich der Pokalübergabe, als Herschel Walker & Company von der Universität Georgia die erfolgreichste Football-Saison aller Zeiten feierten. Als ich im folgenden Jahr das Wohnheim der Spieler besuchte, war ich nicht überrascht zu sehen, daß die zu Besuch weilenden Veteranen vom vorherigen Jahr und die ›Neuen‹ im Fernsehzimmer saßen und sich gemeinsam eine gekürzte Fassung mit den größten Augenblicken jener Super-Saison zu Gemüte führten. Als ich dann zu meinem auf dem Universitätsgelände abgestellten Mietwagen ging, um zum Flughafen von Atlanta zurückzufahren, dachte ich an das am zweitbesten gehütete Geheimnis des Erfolgs: Der Geist kann den Unterschied zwischen einem wirklichen Erlebnis und einem in der Phantasie noch einmal intensiv durchlebten Erlebnis nicht wahrnehmen ...

Wir alle sprechen in jedem Moment unseres Lebens mit uns selber, außer in gewissen Phasen unseres Schlafes. Und das geschieht ganz automatisch. Wir sind uns sogar nur sehr selten der Tatsache bewußt, daß wir das tun. In unser aller Kopf läuft ununterbrochen ein Kommentar zu den aktuellen Ereignissen und unseren Reaktionen. Viele unserer Entscheidungen sind Antworten aus dem Unterbewußtsein in der rechten Hemisphäre unseres Gehirns, und da sie nicht in Worten ausgedrückt werden, haben wir so eine Art Gefühl in der Magengegend oder so eine Art visueller oder emotioneller Reaktion auf das, was wir sehen, hören und berühren. Die linke Hemisphäre kritisiert und genehmigt verbal, was wir bewußt tun und sagen. Die linke Hemisphäre beschimpft auch verbal die in der rechten Hemisphäre ausgelösten unbewußten Reflexe. Wir sehen es zum Beispiel jeden Tag auf dem Tennis- oder Golfplatz. ›Na komm schon, halte den Ball im Feld.‹ – ›Den Kopf unten halten, du Trottel.‹ Aber es ist nicht der Partner gegenüber oder neben einem, der kritisiert. Es ist einer der beiden Partner in Ihrem eigenen Kopf! Und die rechte Hemisphäre weiß, wie sie mit der linken abrechnen kann. Sie lenkt den nächsten Schlag in den See, läßt Sie auf dem Tennisplatz stolpern und besorgt Ihnen nur so für den Anfang leichte Kopfschmerzen und eine Magenverstimmung!«

Die größte Herausforderung, der sich ein Mensch gegenübersehen kann, ist diejenige, auf die er trainiert worden ist, von der er weiß, daß er sich ihr stellen kann und der sich zu stellen er auch die Gelegenheit bekommt. Obwohl es überhaupt keine Garantie gibt, daß dieser Mensch jedesmal Erfolg hat, muß er sich der Herausforderung stellen. Nichts entmutigt die Leute mehr als ein Mangel an Herausforderung. Wie Lombardi müssen wir unsere Leute darauf vorbereiten und sie von der Seitenlinie her ermutigen, ihr Bestes zu geben. Nur auf diese Weise werden wir Zeit haben, selbst zu wachsen.

Management-Fallen

Die Aktivitäts-Falle

Die meisten von uns, die wir im Management tätig sind, haben das Gefühl, wir könnten unsere Leute besser behandeln, wenn der Tag nur mehr Stunden hätte. Wir alle bekommen jedoch unsere vierundzwanzig Stunden pro Tag, aber wenn wir uns umschauen, scheint es, als ob gewisse Leute dreißig, wir aber nur so an die achtzehn bekämen. Dies führt uns zur Einsicht, daß wir einfach besser mit unserer Zeit umgehen *müßten*. Dann könnten wir unseren Leuten besser helfen. Leider können wir die Zeit nicht managen, denn sie ist – wie der Raum – eine Dimension, und wir können sie nur benützen.

Ist es Ihnen beispielsweise schon einmal passiert, daß Ihnen an einem Freitagnachmittag klar geworden ist, daß Sie Ihr Leben nicht mehr unter Kontrolle haben? Entschlossen, etwas dagegen zu unternehmen, halten Sie auf dem Heimweg vor einer Buchhandlung an und kaufen sich ein gutes Buch zu diesem Thema. Sie lesen es nicht nur, sondern Sie studieren es gründlich und schwören sich schließlich: »Wenn Montag der letzte Tag meines Lebens ist, dann soll er auch zählen.« Endlich sind Sie davon überzeugt, daß das richtige Einteilen Ihrer Zeit ein Schlüsselelement zur Förderung Ihrer Untergebenen ist.

Sie stellen Listen auf und setzen Prioritäten. Sie gehen am Sonntagabend mit einem wohligen Gefühl von persönlichem Stolz zu Bett. Am Montag betreten Sie Ihr Bürohaus mit einer Zielstrebigkeit, die sich sogar in ihrem Schritt ausdrückt. Sie betreten das Gebäude, als ob die Welt Ihnen wäre. Doch dann, noch bevor Sie vor der Tür zu Ihrem Büro stehen, hält einer Ihrer Leute Sie mit den Worten auf: »Ich bin so froh, daß ich Sie erwischt habe, denn *wir* haben ein Problem.«

Sie schenken dem Problem sofort Ihre Aufmerksamkeit, wie Sie dies auch sollten, aber da Sie keine Lösung bereit haben, sagen Sie: »Darüber werden wir noch sprechen müssen; ich melde mich dann.«

Was ist geschehen? Noch bevor Sie Ihr Büro erreichten, hatte Ihr Mitarbeiter ein Problem. Nun haben *Sie* das Problem. Wenn zehn Leute zu Ihrem Team gehören, werden diese Sie freundlicherweise täglich mit 6 oder 7 Problemen beliefern – das sind mindestens 30 in der Woche, 130 im Monat und 1560 im Jahr!

Sie sehen sich selber als Manager, der die Dinge in die Hand nimmt. Tun Sie nicht, was richtig ist? Ist es nicht Ihre Aufgabe, Probleme zu lösen? Ja und nein. Natürlich sollen Sie stehenbleiben und sich die Probleme jedes Angestellten anhören und ihm so gut wie möglich helfen, aber kein effizienter Manager läßt es zu, daß ein Angestellter sein Büro mit einem Problem betritt, welches er beim Hinausgehen nicht wieder mitnimmt.

Vergessen Sie nicht: Es ist ein fataler Fehler, Ihre Leute nicht zu fördern. Er wirkt sich fatal auf Ihre Zeit und auf deren Leistung aus.

Irgendwo sind viele Manager zu einer verdrehten Ansicht gekommen, wie ein Geschäft betrieben werden sollte. Vielleicht rührt es vom Stolz her, daß man eben ein Kerl ist, der die Dinge an die Hand nimmt und Probleme sofort erkennt. Die meisten problemlösenden Manager scheinen immerhin der Auffassung zu sein, daß die Probleme in der Hierarchie von *unten nach oben* statt von *oben nach unten* weitergereicht werden sollten.

Ich meinerseits glaube, daß ein guter Manager Probleme verteilt. Wozu denn ein Team haben, wenn es nicht Fragen beantworten, Herausforderungen annehmen und Probleme lösen kann, für die Sie keine Zeit haben?

Ich will damit in keiner Weise andeuten, Sie sollten Ihre Untergebenen mißachten. Wenn einer von ihnen mit einem Problem zu Ihnen kommt, sollten Sie unserer Meinung nach wie folgt vorgehen. Was immer Sie auch tun, *hören Sie auf.* Wenn Sie ein Rapportblatt ausfüllen, legen Sie nicht nur den Kugelschreiber weg, sondern schließen Sie die Mappe. *Schauen* Sie ihn an. Blicken Sie nicht nur ungefähr in seine Richtung; studieren Sie sein Gesicht. *Hören* Sie ihm zu, mit den Augen genauso wie mit den Ohren. Vergewissern Sie sich, daß Sie nicht nur das Problem, sondern auch die Reaktion des Mitarbeiters auf dieses Problem ganz genau verstehen. Ist er verärgert, ängstlich, verwirrt, oder freut er sich auf die Herausforderung? Wenn Sie einmal das Problem und die Einstellung Ihres Mitarbeiters dazu kennen, beraten Sie ihn, aber sorgen Sie dafür, daß Ihr Untergebener das Problem mitnimmt, wenn er Ihr Büro verläßt. Tut er dies nicht, managen Sie nicht Ihr Team – sondern Ihr Team managt Sie.

Die Eineinhalb-Generationen-Falle

Wenn Sie irgendwelche Zweifel daran haben, wie wichtig es ist, daß Sie Ihre Leute nach Kräften fördern, brauchen Sie nur davon Kenntnis zu nehmen, daß die Lebensdauer der meisten kleinen Unternehmen eineinhalb Generationen beträgt. Weshalb das so ist, weiß man ganz genau: Jemand gründet ein Geschäft, das in der Regel Bestand hat, solange der Gründer im arbeitsfähigen Alter ist. Die Nachfolger schaffen es dann meistens in einer halben Generation, das Geschäft zugrundezurichten.

Warum? Weil derjenige, der das Unternehmen gründet, normalerweise dazu neigt, sämtliche Kompetenzen in seiner Hand zu behalten. Und indem er das tut, garantiert er fast automatisch dafür, daß sein Geschäft nur kurze Zeit leben wird. Wenn Sie nicht jemanden wirklich nachziehen, der dereinst Ihre Stelle übernehmen kann, sorgen Sie nicht dafür, daß das Geschäft dauerhaften Bestand haben wird.

Ob Sie nun eine kleine Firma oder eine Abteilung eines Riesenkonzerns leiten, halten Sie inne, und überlegen Sie, wie gut Ihre Leute es ohne Sie schaffen würden. Wo würden sie wohl am ehesten zögern? Wo hätten sie vermutlich die größten Schwierigkeiten? Wenn Sie sich eine Liste mit diesen Punkten zusammenstellen (Tabelle 2), haben Sie eine Liste mit Ihren Verpflichtungen als Manager: Verpflichtungen gegenüber Ihren Leuten und Ihrer Firma.

Betrachten Sie diese Liste nicht als eine Liste mit den Mängeln irgendeines Mitarbeiters, sondern als Liste mit Zielen, die Sie erreichen sollten. Behalten Sie diese für sich, denn wenn Sie Ihre Leute mit allen Erwartungen auf einmal konfrontieren, können sie unter der Last dieser Bürde zusammenbrechen.

Vor einigen Jahren veröffentlichte eine Zeitung einen Artikel über Frank Rickman, einen jungen Akademiker, der jedwelche Einschränkung schlicht und einfach nicht anerkennen wollte. Zu diesen Einschränkungen gehörte auch die Auffassung, im Staat Georgia gebe es keinen Ort, der sich als Skiparadies eignen würde. Frank hatte aber seine Hausaufgaben gründlich erledigt und

Tabelle 2

Ziele für die Förderung Ihrer Leute

Punkte, bei denen meine Leute wohl zögern würden.	Wie ich ihnen helfen kann, sich in dieser Hinsicht weiterzuentwickeln.
Punkte, wo sie auf Schwierigkeiten stoßen würden.	Wie kann ich helfen, damit sie lernen, solche Probleme zu lösen?

wußte, daß eine Region sämtliche Voraussetzungen erfüllte: Da waren Berge mit Skihängen, der Ort war gut erreichbar, und die Temperaturen lagen auch tief genug. Er glaubte nicht nur daran, daß sich dieser Ort als Skiparadies eigne, sondern er hatte auch schon eine sehr konkrete Vorstellung davon, wie das zentrale Gebäude des neuen Paradieses aussehen sollte. Zudem beabsichtigte er, mit einheimischen Handwerkern zusammenzuarbeiten, die kaum oder gar keine Erfahrungen mit dem Aufbau eines Winterkurortes aufzuweisen hatten. Als er sein Konzept einigen weitsichtigen Geldgebern vorlegte, rückte die Verwirklichung in unmittelbare Nähe.

Monate später schlenderte Frank durch das beinahe fertiggestellte Zentrum mit seinen komplizierten Treppen und seiner maßgeschneiderten Inneneinrichtung, und als man ihn fragte, wie er es nur fertiggebracht habe, eine derart komplizierte Konstruktion ohne Pläne, nur aus dem Kopf zu realisieren, lächelte er und antwortete: »Am Anfang übertrug ich jedem Mitarbeiter nur eine einzige Aufgabe. Wenn er sagte, das könne er schaffen, gab ich ihm einen nächsten Auftrag, und dann wieder einen und wieder einen. Aber auf eines können Sie wetten: Wenn ich diesen Männern am Anfang auch nur andeutungsweise gesagt hätte, wieviel ich von ihnen erwarte, hätten sie noch vor dem ersten Spatenstich aufgegeben. Aber sehen Sie sie jetzt an! Nun glauben sie daran, daß sie mit allem fertig werden.«

So wie Frank Rickman dürfen auch Sie Ihre Leute nicht unterschätzen, weil sie Ihre Erwartungen nicht übertreffen. Und so wie Frank dürfen Sie Ihre Leute nicht verängstigen, indem Sie ihnen mit den höchsten Erwartungen drohen, von denen Sie zwar wissen, daß sie erreichbar sind, die Ihre Leute zunächst aber für viel zu hoch halten würden!

Die Elektrozaun-Falle

Ein Freund namens Wiley führte mich auf seiner Farm herum. Unter anderem erklommen wir einen kleinen Hügel und standen plötzlich vor einem elektrischen Zaun, dessen einziger Draht ein vielleicht fünfhundert Hektar großes Feld umgab. Wiley schaute sich kurz um, benützte den Draht dann als Stütze und schwang sich über den Zaun. Als ich sah, daß ihn kein Stromstoß durchfahren hatte, folgte ich seinem Beispiel und fragte ihn dann: »Warum hast du dich umgeschaut, bevor du über den Zaun gestiegen bist? Und wenn ich schon frage: Wozu ist ein elektrischer Zaun gut, wenn er dann nicht unter Strom steht?«

Wiley lächelte und erwiderte: »Ich wollte nur sicher sein, daß mir keines der Tiere zuschaut. Ich wollte ihnen da nichts Neues zeigen. Wußtest du denn nicht, daß ein elektrischer Zaun nicht die ganze Zeit unter Strom stehen muß? Wenn die Rinder einmal wissen, daß sie einen Schlag abbekommen, weiden sie ganz friedlich bis unmittelbar an den Zaun heran, dann fertig. Siehst du?« Er wies auf das unterschiedlich hohe Gras beidseits des Zauns.

Viele von uns behandeln unsere Angestellten wie Rinder, und so reagieren sie halt auch wie Rinder. Im Glauben, da stehe noch ein alter Zaun, unterlassen sie jeden Versuch, weiterzugehen.

Welche stromlosen Zäune halten Ihre Leute zurück? Wie kommt es, daß sie überhaupt existieren? Einige von ihnen sind möglicherweise auf frühere Marktsituationen zurückzuführen. Andere sind vielleicht von Ihnen oder Ihrem Vorgänger aufgebaut worden. Jede Einschränkung, die Ihre Mitarbeiter für noch existent betrachten, auch wenn sie längst nicht mehr existiert, wird sie zurückhalten.

Legen Sie in Tabelle 3 ein Verzeichnis dieser Zäune an. Denken

Sie über sie nach, und zeigen Sie dann Ihren Leuten, daß all diese einst sehr realen Einschränkungen sie nun nicht mehr aufhalten können.

Ich erinnere mich an das, was Thomas Huxley einst über Ausbildung gesagt hat. »Das größte Ergebnis jeder Ausbildung ist das Entwickeln der Fähigkeit zu tun, was getan werden muß, und zwar zu dem Zeitpunkt, in dem es getan werden muß, ob es einem nun paßt oder nicht.« Natürlich, es erfordert harte Arbeit, Gewohnheiten zu durchbrechen und elektrische Zäune persönlicher Ängste und Unzulänglichkeiten des Teams niederzureißen. Aber der pflichtbewußte Manager tut, was getan werden muß, ob es ihm nun paßt oder nicht, und er arbeitet stets darauf hin, daß die Leute sich über ihre Fähigkeiten hinaus weiterentwickeln. Und auf diese Weise vermeidet er die Todsünde Nr. 2.

Tabelle 3

Elektrischen Zäunen den Strom sperren	
Welche unsichtbaren elektrischen Zäune halten meine Leute zurück?	Wie kann ich den Strom »abstellen«?

AKTIONSPLAN
um die Todsünde Nr. 2 zu vermeiden, indem Sie den einzelnen Leuten helfen, sich beruflich weiterzuentwickeln

Eines der Mittel, die die Fortune-Gruppe erfolgreich anwendet, ist der Fortune-Aktionsvertrag. Nach jedem Kurs lassen die meisten Firmen ihre »Studenten« einen solchen Vertrag zur Nachkontrolle ausfüllen.

Wir legen Ihnen hier ebenfalls einen Vertrag für dieses Programm vor.

Anweisungen zum Ausfüllen des Aktionsvertrages

1. Notieren Sie unter Punkt 1 den wichtigsten Gedanken, den Sie im Verlauf dieser Sitzung gehabt haben.

2. Notieren Sie unter »Das werde ich daraus machen«:

   A Was Sie tun wollen.
   B Wann Sie es tun wollen.
   C Mit wem Sie es tun wollen.

3. Welchen Vorteil wird es für Sie haben, wenn Sie diesen Gedanken verwirklichen?

4. In unseren Sitzungen geben wir der Gruppe eine einminütige Vorbereitungspause, während der jeder Teilnehmer einen Vertrag mit seinem Nachbarn, mit einem andern Kursteilnehmer, mit der Person, die ihm den Kursbesuch ermöglicht hat, oder mit seinem Manager abschließt. Wir schlagen vor, daß auch Sie sich eine entsprechende Person aussuchen.

   A Sagen Sie dieser Person, was Sie tun wollen.
   B Sagen Sie ihr, wie Sie es tun wollen.
   C Sagen Sie ihr, welche Vorteile für Sie damit verbunden sind.

5. Vergessen Sie auf keinen Fall, das Datum des Vertragsabschlusses und das Datum der Nachkontrolle für die Person, mit der Sie diesen Vertrag abschließen, einzutragen.

Fortune-Aktionsvertrag

Weil ich das Gefühl habe, dies sei der wichtigste Gedanke, der mir beim Lesen dieses Kapitels gekommen ist, verpflichte ich mich hiermit, ihn in den nächsten sieben Tagen umzusetzen.

1. Dies ist der wichtigste Gedanke, den ich diesem Kapitel entnommen habe und den ich persönlich anwenden kann:

   ____

   ____

   ____

2. Das werde ich daraus machen:

   ____

   ____

   ____

3. Was ich gewinne, wenn ich ihn anwende:

   ____

   ____

   ____

4. Jemand, mit dem ich diese Gedanken teilen kann:

   ____

   ____

   ____

Datum des Vertrages: ____________________

Kontrolldatum: ____________________

Todsünde Nr. 3

Versuchen, die Resultate zu kontrollieren, anstatt die Denkweise zu beeinflussen

Es ist vollkommen natürlich, daß Menschen unterschiedliche Leistungen vollbringen. Die einen sind einfach produktiver als die andern. Ob sie an einer Schreibmaschine in einem Großraumbüro, in einer EDV-Abteilung, im Verkauf oder als Krankenschwester in einer Klinik arbeiten, sie leisten einfach mehr als andere.

Besonders in Bereichen, in denen sich die Ergebnisse leicht überprüfen lassen, beispielsweise eben im Verkauf, können Manager diesen Unterschied tagtäglich beobachten. In jeder Firma mit einem großen Außendienst gibt es wohl zwei Vertreter, die in der gleichen Stadt mehr oder weniger der gleichen Kundschaft das gleiche Produkt oder die gleiche Dienstleistung anbieten, und doch wird der eine drei- oder viermal mehr Umsatz machen als der andere. Irgendwann im Laufe unserer Karriere haben wir wahrscheinlich alle einmal dieses Phänomen erlebt und mit Frustration und Verwunderung darauf reagiert.

Wir schauen uns unsere Leute an und fragen uns: »Worin liegt denn der Unterschied?« Die mehr leisten, sehen nicht besser aus als die andern, sie sind nicht intelligenter, und sie arbeiten offenbar auch nicht härter. Dank der jahrelangen Erfahrung bei der

Fortune-Gruppe darf ich heute behaupten, daß ich diesen Unterschied kenne.

Was macht den Erfolg aus?

Über dieses Thema sind unzählige Bücher geschrieben worden, doch ich meine, daß der Grund für den Erfolg der einen und für den Mißerfolg der andern Leute gar kein so großes Geheimnis ist. Der Unterschied zwischen einem erfolgreichen und einem erfolglosen Menschen ist einfach der: *Der Erfolgreiche hat es sich zur Gewohnheit gemacht, die Dinge zu tun, die der Erfolglose nicht tut.* Zweifellos tragen viele Faktoren zum Erfolg bei, aber der einfachste Grund, warum die meisten Leute vorankommen, besteht einfach darin, daß sie gute Arbeit leisten.

Natürlich sind die Arbeitsgewohnheiten der Menschen für ihren Erfolg oder Mißerfolg verantwortlich, und die meisten von uns wissen dies schon seit vielen Jahren. Doch die Arbeitsgewohnheiten stellen nur die Spitze des Eisberges dar. Wenn wir die Produktivität steigern wollen, müssen wir verstehen, was diesen Arbeitsgewohnheiten zugrunde liegt und wie und warum Menschen sie entwickeln.

Aktivität ist nicht der Schlüssel

Da wir um die Bedeutung guter Arbeitsgewohnheiten wissen, haben wir im Management ungeheure Mengen von Energie auf den Versuch verwendet, unseren Leuten zu solchen Gewohnheiten zu verhelfen. Doch oft haben unsere wohlgemeinten Anstrengungen nichts gefruchtet. Weshalb?

In vielen Fällen ist es uns nicht gelungen, weil wir uns nur auf die Aktivität, welche die Leute entwickeln sollten, und auf die von uns erhofften Resultate konzentriert haben. In Kenntnis der Tatsache, daß Leistung aus dem Verhalten (oder der Aktivität) hervorgeht, nahmen wir an, bei unseren Angestellten würde die Entwicklung so verlaufen, wie es in der oberen Hälfte von Diagramm 1 dargestellt ist: Aktivität, Gewohnheiten, Resultate. Aber wir haben die elementaren Faktoren übersehen, die bei unseren Leuten bewirken, daß sie aktiv werden und sich Gewohnheiten aneignen, und deshalb waren unserem Erfolg klare Grenzen gesetzt.

Diagramm 1

Kettenreaktion der Produktivität

Aktivität → Gewohnheiten → Resultate = Erfolg
↑
Gefühle ← Denken

Das heißt nun nicht, daß keine Entwicklung stattfindet. Was jeder Manager anstrebt, nämlich beständige Leistung und erhöhte Produktivität, *ist* das Endergebnis einer Kettenreaktion, die aber im Kopf unserer Angestellten ausgelöst wird. Schauen Sie sich die untere Hälfte von Diagramm 1 an: Zunächst muß der Geist einen Gedanken akzeptieren; dies erzeugt Gefühle; Gefühle beeinflussen die Aktivität; eine lohnende Aktivität prägt Gewohnheiten; und Gewohnheiten zeitigen schließlich Resultate. Wenden Sie dieses Wissen an, und Sie werden ungeahnte Steigerungen in der Produktivität erleben.

Die Kettenreaktion, die ich beschrieben habe, läuft ab, weil *die physische Leistung sich direkt proportional zur geistigen Disziplin steigert.* Unser erstes Vorgehen mißriet, weil es die ersten beiden Elemente nicht berücksichtigt hat. Nichts ist so kraftvoll wie das Denken. Was in die Software unseres Computers, des Gehirns, eingegeben wird, entscheidet, was herauskommt.

Zwei Beispiele aus Denis Waitleys *The Double Win* veranschaulichen diesen Punkt:

»Robert hatte gute Gründe, Pauline zu heiraten, und ihre Kochkünste waren wirklich großartig. So dauerte es verständlicherweise geraume Zeit, bis er sich dazu überwinden konnte, sich nach dem Grund einer merkwürdigen Gewohnheit zu erkundigen, die er beobachtet hatte: Jedesmal, wenn Pauline einen Schinken in den Bratofen steckte, schnitt sie zuerst die beiden Enden ab. Auf seine Frage antwortete sie, ohne zu zögern: ›So hat auch meine Mama den Schinken immer gekocht.‹

Bob war von dieser Antwort nicht vollkommen befriedigt, ließ es aber vorläufig damit bewenden. Beim nächsten Besuch bei seinen Schwiegereltern stellte er dann allerdings Paulines Mutter die gleiche Frage und bekam die muntere Antwort: ›Nun, so hat auch *meine* Mutter den Schinken immer gekocht.‹

Nun war Bob fest entschlossen, diesem kulinarischen Geheimnis auf den Grund zu gehen, und so stattete er Paulines Großmutter nach der Arbeit einen kleinen Besuch ab und kam dabei ganz beiläufig auch auf dieses Thema zu sprechen: ›Du, da ist etwas, was ich furchtbar gerne wissen würde. Warum schneidest du eigentlich die beiden Enden ab, bevor du einen Schinken in den Ofen schiebst?‹ Großmama schaute Bob mißtrauisch an und erwiderte kurz: ›Weil meine feuerfeste Form einfach zu klein ist.‹

Genau wie Bobs Frau entwickeln auch wir verschiedene Verhaltensmuster durch Nachahmung und Identifikation mit Werten und Haltungen, die uns vor Augen geführt werden ...

Das gleiche gilt auch für jede Sportart. In meine Klasse an der La Jolla High School ging auch Gene Littler, der großartige Golfprofi, von dem man allgemein sagt, er führe die ›perfekten‹ Golfschläge aus. Als Jungen gingen wir oft miteinander zum Training in den La Jolla Country Club. Gene übte seine Schläge, während ich den Bällen nachlief. Fast tagtäglich schlug er Hunderte von Bällen 60, 75, 100 und 150 Yards weit.

Als kleiner Junge hatte Gene den großen Golfspielern zugeschaut. Dann hatte er unter den Fittichen eines der ganz großen Lehrer gelernt, wie jeder einzelne Schlag beim Golf absolut korrekt ausgeführt wird. Was Gene Littlers Selbstbewußtsein schon als Junge maßlos beflügelte, waren seine Fähigkeit, die notwendigen Anstrengungen zu erkennen, und seine Bereitschaft, den Preis für die ›Siegesübungen‹ auf und neben dem Golfplatz zu bezahlen. Er kannte jenes Sprichwort, das auf jede Fähigkeit, auf jede Sportart, jedes Geschäft und auch auf jede Hochleistungssituation im Leben zutrifft: ›Zuerst muß man den Dreh raushaben, dann kann man das Spiel spielen.‹

Nachdem er das Golfspiel durch Beobachten, Nachahmen und unermüdliches Üben wirklich beherrschte, entwickelte er ein ausgeprägtes Selbstwertgefühl, das seinerseits eine unglaubliche Karriere als Golfprofi zur Folge hatte. Mit einem auf Kompetenz und positiven Vorbildern aufgebauten Selbstwertgefühl verfügte er beim Training und bei den Turnieren über einen absolut zuverlässigen Computer, der ihm die Richtung wies.

Wenn Gene Littler gelegentlich einen Fehlschlag produzierte, hörte ich, wie er sich selber mit positiven Selbstgesprächen motivierte: ›So machst du das normalerweise nicht; behalte den Kopf unten, und zieh den Schlag ganz durch.‹ Als ich ihn einen ganz ausgezeichneten Ball schlagen sah, hörte ich noch mehr positive Selbstmotivation: ›Na also, so ist es schon besser. Nun sind wir auf dem richtigen Weg.‹ «

Wenn man sich nur mit Äußerlichkeiten abgibt, kann man einen Menschen nicht mit Erfolg dazu inspirieren, Erfolgsgewohnheiten zu entwickeln oder seine Produktivität zu steigern. Wäre dies möglich, wäre jeder Mensch ein erfolgreicher Manager, und das sind die meisten Menschen dann doch nicht. Ebenso braucht das Management genaue Daten und effiziente Kontrollverfahren, aber mit Zahlen allein kann man Menschen nicht managen. Die Produktivität steigt dann, wenn die Manager den menschlichen Faktor immer besser verstehen lernen und die Einstellungen, Ängste, Motivationsprobleme und Phantome in den Griff bekommen, welche in den Köpfen der Menschen herumspuken. Eine Steigerung der Produktivität ist das unmittelbare Ergebnis des Denkens.

Wie oft lesen wir von irgendwelchen Tragödien, die auf »menschliches Versagen« zurückgeführt werden. Und wenn wir dann weiter- und zwischen den Zeilen lesen, erfahren wir in der Regel, daß hinter dem verhängnisvollen »menschlichen Versagen« nur schlechte Arbeitsgewohnheiten stecken: Jemand hat bei irgendwelchen Routineaufgaben eine Unterlassungssünde begangen. Auch der Begriff »technisches Versagen« kaschiert oft nur schlampige Arbeitsgewohnheiten. Da sie nichts zu ihrer Verteidigung sagen kann, schiebt der Mensch die Schuld auf die Maschine, anstatt zuzugeben, daß zuwenig gründliche Kontrollen durchgeführt worden sind, in deren Verlauf ein defekter

Bestandteil oder ein anderes eindeutiges Warnsignal mit Bestimmtheit entdeckt worden wäre.

Die Schlüsselfragen

Wir wissen zwar, daß niemand mit sicheren Antworten aufwarten kann, wenn es darum geht, die Produktivität zu steigern und Gewohnheiten zu entwickeln, die zum Erfolg führen, doch müßte jeder Manager wenigstens die Fragen verstehen. Zwei von ihnen bilden nämlich den Ausgangspunkt unseres Denkens, wenn es darum geht, sich lang und regelmäßig genug mit einer Tätigkeit abzugeben, damit diese zur Gewohnheit werden kann, worauf sich dann unsere Bereitschaft gründet, neue Herausforderungen anzunehmen und die Qualität unserer Arbeit zu verbessern.

Kann ich Erfolg haben?

Wenn ein Mensch vor einer größeren Herausforderung steht – wenn er ein höheres Ziel anstrebt, sich eine neue Fähigkeit aneignen oder seine Produktivität steigern will –, fragt er sich zuerst: »Wie steht es mit meinen Erfolgsaussichten?« Wenn in seinem Kopf die Antwort auftaucht: »Ich kann es ja versuchen, aber meine Chancen sind gleich Null«, dann wird er es gar nicht erst versuchen. Ein intelligenter Mensch wendet nur dann Mühe und Energie auf, wenn er mit Resultaten rechnen kann, und er vermeidet es, sich fruchtlosen Aktivitäten oder offensichtlich Unmöglichem zu widmen. Wenn wir uns diese Frage stellen, bewerten wir uns selber im Verhältnis zur Aufgabe, deren Schwierigkeitsgrad wir ebenfalls beurteilen.

Wenn wir uns auf diese Art selber bewerten, verwenden wir nicht einfach ein numerisches System. Aber wir gehen nach einem ähnlichen Konzept vor, und wenn Sie dieses verstehen, werden Sie sich eine klare Vorstellung von der Funktionsweise der Motivation beim Menschen machen können. Nehmen wir an, ein Angestellter würde sich numerisch bewerten. Da ordnet er zunächst seiner Aufgabe eine Zahl zu, d. h. er sagt zum Beispiel: *Ich beurteile die Aufgabe, die mir mein Chef übertragen will, als . . .*, und er setzt eine Zahl zwischen 1 und 5 ein. Dann ordnet er sich selbst in gleicher Art eine Zahl zu. Wenn er nun sich selbst mit einer 3 und seine Aufgabe ebenfalls mit einer 3 bewertet – dann wird es knapp! Vielleicht würde es ihn alles kosten, was er hat, aber er kann es schaffen.

Wenn er andererseits die Aufgabe mit einer 1 oder 2 und sich selber mit einer 3 bewertet, dann ist es ein Kinderspiel. Wenn er sich selber eine 3, der Aufgabe aber eine 4 oder 5 gibt, wird er es nicht schaffen. Er betrachtet die Aufgabe als zu schwierig und wird es nicht einmal versuchen (siehe Diagramm 2).

Auch wenn wir uns in Tat und Wahrheit natürlich nicht numerisch bewerten, so beurteilen wir doch uns selbst und die Schwierigkeit der Aufgabe oder der Situation auf ähnliche Weise. Und wir treffen zahlreiche wichtige Entscheidungen, die auf solchen Beurteilungen beruhen.

Kürzlich hatte ich eine Begegnung mit einem jungen Mann, der sein Ziel als Kinderspiel ansah. Auf dem Weg zu einem Seminar in Cincinnati, Ohio, verließ ich mein Heim in Atlanta unter nicht eben idealen Umständen. Wenn man so viel reist, wie ich das tue, genießt man seine Wochenenden mit der Familie, aber ich mußte an einem Sonntag fliegen. Zudem hatte ich nicht den gewünsch-

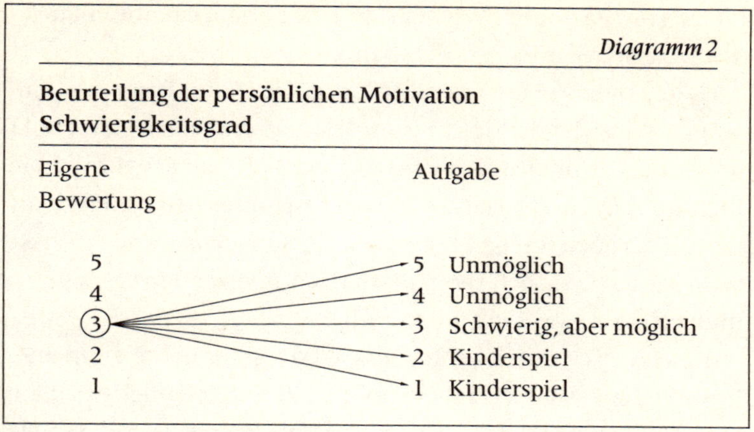

ten Nonstop-Flug, sondern nur einen mit Zwischenlandung in Lexington, Kentucky, buchen können. Da ich Atlanta unter anderem als Wohnort gewählt hatte, weil man von dort aus praktisch jede Stadt in Nordamerika nonstop erreichen kann, war ich alles andere als erbaut.

Ich hatte Economy-Klasse gebucht, wollte aber am Flughafen noch auf erste Klasse umbuchen, doch auch damit hatte ich Pech. Das Maß meiner Enttäuschungen war voll, und ich war – gelinde gesagt – nicht eben bester Laune, als ich auf den Abflug wartete.

Im Flughafengebäude fiel mir ein Mann von hünenhafter Gestalt auf. Er wog wohl mindestens 120 Kilogramm, und seine Frau, die ihn begleitete, stand ihm in nichts nach, im Gegenteil, sie übertraf ihn wohl noch um gut und gern 20 Kilogramm. Obwohl die beiden neben einem Mann standen, der viel größer war als ich, nahm dieser sich neben ihnen wie ein Zwerg aus.

Ihr Benehmen verleitete mich zur Annahme, sie hätten getrunken. Bei mir dachte ich: »O nein, die beiden haben bestimmt nicht die Plätze neben mir.« Und dann fing ich an zu beten.

Als ich meinen Economy-Sitz im Mittelteil des Flugzeugs einnahm, stellte ich mit Erleichterung fest, daß die beiden Plätze links und rechts von mir leer geblieben waren. Aufatmend nahm ich ein Buch zur Hand und begann mich zu entspannen. Als das Flugzeug vom Fingerdock weggeschoben wurde, sah ich auf und erblickte das junge Paar, das sich zwischen den schon sitzenden Passagieren hindurch in meine Richtung vorarbeitete.

Sie setzte sich auf den Platz links von mir, er nahm zu meiner Rechten Platz. Und irgendwie quollen die beiden auch noch auf meinen Platz über. Ich steckte meine Nase möglichst tief in mein Buch, in der Hoffnung, sie würden merken, daß ich nicht las, aber nicht belästigt werden wollte. Schließlich sieht jeder, daß man nicht lesen kann, wenn man das Buch so nahe vor seine Augen hält, und weiß, daß man dann nicht gestört werden will. Schon wagte ich zu hoffen, mein Manöver sei geglückt. Aber kaum hatte das Flugzeug abgehoben – das Signal »Rauchen verboten« war noch nicht ausgeschaltet –, drehte sich die Frau mir zu und sagte: »Hey, Mister!« Ich tat, als hätte ich nichts gehört. Etwas lauter wiederholte sie: »Hey, Mister!«

Kleinlaut murmelte ich: »Ja?«

»Wissen Sie, daß Sie mit einem Vertreter fliegen, der eine Million Dollar Umsatz gemacht hat?«

»Was heißt das?«

»Ich bin Louise«, stellte sie sich vor.

Nun drehte auch er sich in meine Richtung und streckte mir eine Hand in der Größe eines ansehnlichen Schinkens ins Gesicht und sagte: »Hi! Ich bin Hector.«

Stolz erzählte mir Louise: »Hector hat einen Umsatz von einer

Million Dollar erzielt. Wir kommen eben von den Bermudas zurück, und er hatte die Reise gewonnen!« Es war das herrlichste junge Paar, das ich je getroffen hatte.

Hector war Vertreter. Aufgrund seines im vergangenen Jahr erzielten Umsatzes hatte er eine Reise auf die Bermudas für sich und seine Frau gewonnen. Was die beiden so aufregend und erfrischend machte, war die Tatsache, daß sie nie eine solche Reise gemacht hätten, wenn Hector diese eben nicht gewonnen hätte. Ich genoß meine Unterhaltung mit den beiden und ihre Begeisterung sehr. Nachdem wir uns nun vorgestellt hatten, sagte ich: »Wissen Sie, Louise, jetzt ist Sonntag nachmittag. Sie und Hector kommen von den Bermudas zurück, und ich weiß, daß Ihre Firma Ihnen auch nächstes Jahr eine Reise schenken wird. Achten Sie also darauf, daß Hector morgen früh aus den Federn kommt, damit Sie auch nächstes Jahr gewinnen.«

Seelenruhig stellte Hector fest: »Lake Tahoe. Wir werden dort sein.«

»Was?« fragte ich verständnislos.

»Nächstes Jahr geht die Reise zum Lake Tahoe. Wir werden dort sein.«

»Was verlangt denn Ihre Firma, damit Sie die Reise zum Lake Tahoe gewinnen?«

»Nun, sie will nur, daß ich den Umsatz in meinem Gebiet um siebenundzwanzig Prozent steigere. Ich werde ihn um vierzig Prozent steigern.«

Hector und Louise *werden* nächstes Jahr am Lake Tahoe sein, denn für ihn bedeutet diese Umsatzsteigerung um siebenundzwanzig Prozent ein Kinderspiel.

Ich versichere Ihnen, daß andere Vertreter dieser Firma nicht an den Lake Tahoe fahren werden; Vertreter, die diese Herausforderung überhaupt nicht interessiert und die sich kein bißchen Mühe geben werden, diese Reise zu gewinnen, weil sie die Umsatzsteigerung um siebenundzwanzig Prozent mit einer 5, sich selber aber nur mit einer 3 bewerten. Das Ziel liegt jenseits ihrer Möglichkeiten, und ihr Kopf sagt ihnen schon, sie würden es nicht schaffen (vgl. Tabelle 4).

Sie und ich stehen als Manager Tag für Tag vor der beachtlichen Herausforderung, auf die Einstellung jener Mitarbeiter einzuwirken, die den Eindruck haben, die Aufgabe sei gar nicht oder mindestens nicht auf diesem hohen Niveau der Produktivität zu bewältigen. Sie und ich mögen wissen, daß die Aufgabe gar nicht so schwierig ist, aber das spielt keine Rolle. Es kommt nicht darauf an, was wir denken. Es zählt einzig und allein, was dieser Angestellte denkt.

Wie beeinflussen wir nun das Denken unserer Angestellten? Nicht, indem wir ihnen beizubringen versuchen, daß sie die Aufgabe viel leichter erledigen könnten, als sie glauben. Sie als Manager können ihnen schon sagen, die ganze Sache sei nicht so schlimm, aber Sie verschwenden Ihre Zeit und fordern höchstens Widerstand heraus. »Unsinn«, sagt der, der sich eine 3 gibt, »Sie waren seit fünf Jahren nicht mehr im Außendienst. Was wissen Sie denn noch davon?« – »Sie haben im Betrieb an der Westküste gearbeitet, und hier sind wir an der Ostküste.« – »Zu Ihrer Zeit waren die Produktionsraten, die Konkurrenz und die Zinssätze noch anders.« – »Mein Gebiet ist ganz anders.«

Worte allein werden an der Bewertung eines Menschen in bezug auf den Schwierigkeitsgrad seiner Aufgaben nichts ändern. Sehen Sie, unsere einzige Hoffnung liegt darin, daß wir die Selbstbeurteilung dieses Menschen ändern können. Stellen Sie sich vor, dieser von Selbstzweifeln geplagte Arbeitnehmer sei ein Holzfäller, der sich in einer kurzen Pause auf seine bewährte doppelschneidige Axt stützt. Der Vorarbeiter geht auf ihn zu und sagt: »Ab morgen will ich, daß du doppelt so viele Bäume fällst wie bisher.« Die Chancen, daß der Holzfäller fröhlich zustimmt, sind so klein, daß man sie kaum berechnen kann.

Was wird er aber antworten, wenn sein Chef noch hinzufügt: »Hier ist eine Kettensäge, und ich werde dir zeigen, wie man damit umgeht«? Die Tatsache, daß ein Arbeitnehmer geeignetes Werkzeug zur Verfügung hat, beeinflußt die Beurteilung seiner Fähigkeiten sehr stark. Zu den Werkzeugen und Instrumenten, die eine bessere Leistung ermöglichen, zählen auch neue Marketingpläne, neue Systeme, neue Einrichtungen und sehr oft auch neue immaterielle Mittel wie zum Beispiel neue Informationen oder Weiterbildung.

Was bringt mir das?

Die zweite Frage, welche die Menschen sich stellen, wenn sie einer neuen Herausforderung gegenüberstehen, lautet: »Was bringt mir das?« Wenn sie den größeren Gewinn in der Durchführung der Aufgabe sehen, werden sie sie in Angriff nehmen. Wenn sie jedoch den größeren Gewinn darin sehen, die Aufgabe nicht durchzuführen, dann werden sie sich einfach weigern, sie anzunehmen.

Wenn ich sage, die Leute fragten sich: »Was bringt mir das?«, dann meine ich damit nicht Geld. Natürlich, wenn wir die Leute nicht bezahlen, arbeiten sie auch nicht. Aber die Leute arbeiten an und für sich nicht für das Geld allein, außer wenn sie unter einem gewaltigen finanziellen Druck stehen. Steht ein Mensch unter einem genügend großen finanziellen Druck, wird er praktisch jede Arbeit annehmen, unabhängig davon, wie sehr er sie verab-

Tabelle 4

Kettenreaktion der Produktivität
Beispiel

Nehmen wir die Geschichte von Hector als Beispiel dafür, wie diese Kettenreaktion funktioniert; und als Vergleich nehmen wir einen zweiten, fiktiven Vertreter namens Fred, der ungenügend motiviert ist. Beiden sagen wir: »Wenn Sie den Umsatz in Ihrem Gebiet im nächsten Jahr um siebenundzwanzig Prozent steigern, gewinnen Sie eine Reise zum Lake Tahoe.«

Denken

Fred	Das ist eine 5, und ich gebe mir nur eine 3.
Hector	Das ist nur eine 3, und ich gebe mir eine 5.

Gefühle

Fred	Das schaffe ich nie.
Hector	Ich kann mich nicht nur um 27 %, sondern um 40 % steigern.

Verhalten

Fred	Geht seiner Arbeit weiterhin in mehr oder weniger gewohntem Trott nach.
Hector	Steigert seine Aktivität, um seinen Umsatz zu steigern.

Resultat

Fred	Erreicht die Steigerung um 27 % nicht und fährt nicht zum Lake Tahoe.
Hector	Steigert seinen Umsatz um 40 % und fährt zum Lake Tahoe.

Fred muß anders behandelt werden als Hector. Sein Manager muß in Freds Gedanken hineinsehen können und ihm helfen, mehr zu leisten.

scheut, wenigstens so lange, bis er genügend Geld verdient hat, um sich von diesem Druck zu befreien. Ist der Druck weg, interessiert er sich nicht mehr für solche Arbeiten.

Wenn jemand fragt: »Was bringt mir das?«, dann meint er eigentlich: »Wo bleibt mein Selbstwertgefühl?« Sie und ich, wir alle suchen dieses Selbstwertgefühl mehr als alles andere. Wir widmen uns einer Tätigkeit nur dann so lange, bis sie zur Gewohnheit wird, wenn unser Selbstwertgefühl dadurch gestärkt wird. Nur dann investieren wir all unser Interesse in eine Aktivität und sind stolz auf bessere Leistungen, wenn unser Selbstwertgefühl dadurch gestärkt wird. Ich habe gehört, im Jahre 1981, also in einem der Jahre mit den höchsten Arbeitslosenzahlen in der neueren Geschichte Amerikas, hätten über 10 Millionen Amerikaner ihre Stellung gekündigt. Ich versichere Ihnen, diese Leute kündigten nicht des Geldes wegen, sondern nur, weil ihre Arbeit ihnen kein Selbstwertgefühl geben konnte.

Ein junger Freund von mir – nennen wir ihn Dick –, der erst seit einem halben Jahr als Manager tätig war, mußte auf die schwere Art lernen, was es heißt, einem Menschen das Gefühl zu geben, er sei unwichtig, und ihm das Selbstwertgefühl vorzuenthalten. Sein Fehler kostete ihn eine sehr wertvolle Mitarbeiterin. Die Umstände waren wohl etwas ungewöhnlich, aber ich glaube, ähnliche Situationen können sich in jedem Geschäft jeden Tag ergeben.

Dick arbeitet in einer kleinen Firma, die in den letzten Jahren einen mächtigen Aufschwung erlebt hat. Eine der tüchtigsten Angestellten, Gloria, hatte seit längerer Zeit halbtags die Datenverarbeitung erledigt. Dieses Teilzeit-Arrangement kam ihr bestens entgegen, weil sie daneben auch noch familiäre Verpflichtungen hatte. Der gewaltige Aufschwung der Firma erforderte aber schon bald Glorias vollen Einsatz von 40 und manchmal noch mehr Stunden in der Woche. Trotz der Konflikte, die sich daraus für ihr Privatleben ergaben, blieb Gloria, weil sie wußte, wie wichtig sie für die Firma war. Das Selbstwertgefühl, das ihr ihre Arbeit als vollwertiges Mitglied des Teams schenkte, befähigte sie, dem Druck von seiten der Familie zu widerstehen. Und dann machte Dick seinen Fehler genau in dem Augenblick, als der private Druck auf Gloria am größten war, und brachte sich um seine wertvollste Mitarbeiterin. Eine Reihe von Umständen – zwei der vier internen Mitarbeiter der Firma waren krank, der dritte hatte geschäftlich auswärts zu tun – führte dazu, daß Gloria an einem besonders hektischen Tag ganz allein die Festung hüten sollte.

Als sie an jenem Morgen ins Büro kam und die Situation mit der damit verbundenen Arbeitsbelastung erkannte, bat sie Dick, er solle eine temporäre Mitarbeiterin einstellen, die das Telefon bedienen und verschiedene Schreibarbeiten erledigen könne. Dick, der von der Firmenleitung beauftragt worden war, die Kosten möglichst niedrig zu halten, wollte diese zusätzlichen Ausgaben vermeiden und antwortete: »Das ist nicht notwendig. Wir – damit meinte er sich selber und die Außendienstmitarbeiter – werden alle einspringen und Ihnen helfen.« Leider hielt Dick sein Versprechen aber nicht ein. Er unterließ es, seine anderen Leute darum zu bitten, Gloria zu helfen, bevor er selbst zu einer ganztägigen Sitzung wegging. Gloria fühlte sich unwichtig und erniedrigt – durchaus verständlich. Dicks Handlungsweise nahm ihr die Möglichkeit, ihr Selbstwertgefühl zu stärken. Das war der Funke, der das Pulverfaß explodieren ließ. Am folgenden Morgen reichte Gloria ihre Kündigung ein. Ich möchte mit Dick nicht allzu hart ins Gericht gehen, sondern anhand dieses Beispiels einfach zeigen, daß seine Unfähigkeit, den internen Bedürfnissen seiner Mitarbeiter nachzukommen, seine Firma sehr teuer zu stehen kam.

Selbstwertgefühl gewinnen

Die Leute beantworten die Frage »Was bringt mir das?« ungefähr in gleicher Art, wie sie ihre Antwort auf die Frage »Wie stehen meine Erfolgschancen?« finden. Das heißt, sie ordnen der Arbeit selber oder den Tätigkeiten, aus denen sie besteht, einen Wert zwischen 1 und 5 und sich selber ebenfalls einen Wert zwischen 1 und 5 zu. Wenn sie sich eine 3 geben und die zu erledigende Arbeit ebenfalls mit einer 3 beurteilen, kann und wird ihr Selbstwertgefühl dadurch gestärkt werden. Ihr Stolz auf die Situation befähigt sie, über längere Zeit hinweg Leistungen auf einem hohen Niveau der Produktivität zu erbringen. Übersteigt der Wert, den sie der Aufgabe zuordnen, ihren eigenen, werden sie keine Mühe scheuen, diese Aufgabe zu erledigen.
Wenn sie sich andererseits selbst eine 3, der zu übernehmenden Arbeit aber eine 1 oder 2 zuordnen, erscheint diese im allerbesten Fall als uninteressant und liegt offenbar häufig unter ihrer Würde. Sie bietet wenig Selbstwertgefühl, und sie übernehmen die Aufgabe entweder gar nicht oder aber nur halbherzig (Diagramm 3).

Dies beeinflußt die Produktivität der Leute auf allen Stufen. Viele Manager leiden an »Exekutivitis« und finden sich fast nicht mit den langweiligen und nicht besonders aufsehenerregenden Tätigkeiten ab, die halt auch zum Management gehören. Eine erfahrene Sekretärin, die vorübergehend als Empfangsdame eingesetzt wird, sieht ihr Ego am Boden zerstört. Neuzuteilungen

Diagramm 3

Beurteilung der persönlichen Motivation
Selbstwertgefühl

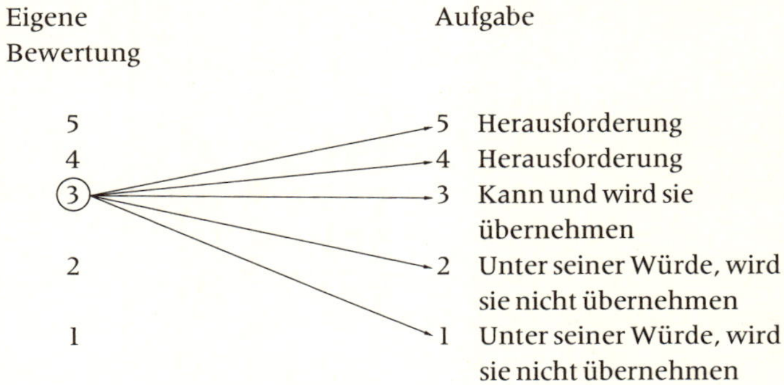

von Gebieten, Umschichtungen in der Hierarchie oder die Einführung neuer Berufsbezeichnungen stellen für viele eine Katastrophe dar. In jedem Fall geht der Preis zu Lasten der Produktivität.

Die Leiter von Verkaufsabteilungen stehen diesem Problem fast jeden Tag gegenüber, weil wir alle bis zu einem gewissen Grad glauben, Verkaufen sei kein angesehener Beruf. In Listen, in denen das Ansehen der verschiedenen Berufe beurteilt wird, nimmt der Arzt unweigerlich die Spitzenposition ein, währenddem der Verkäufer fast immer das Ende ziert.

Nur ungefähr 5 Prozent der jungen Frauen und Männer, die mit einem entsprechenden Abschluß von den Hochschulen gehen, geben sich für eine Tätigkeit im Verkauf her. Wenn diese Leute aber dreißig Jahre alt geworden sind, haben 75 Prozent von ihnen in der einen oder andern Form mit Verkauf zu tun, und viele schneiden dabei schlecht ab, weil man ihnen eben beigebracht hat, Verkaufen sei eine Art von Versagen, und sie schämen sich ihres Berufes. Da kein Verkaufschef warten kann, bis die Realitäten des Lebens auch in die Ausbildung eingegangen sind, sorgt der effiziente Manager für einen Umlernprozeß, welcher die Einstellungen verändert, das Selbstwertgefühl steigert und zudem noch die Verkaufstechnik fördert.

Wenn sich jemand in Sachen Selbstwertgefühl eine 3, der Arbeit eine 5 gibt, dann will er diese Arbeit übernehmen. Sie ist für ihn eine Herausforderung. Sie gibt ihm einen Grund zu leben, in manchen Fällen sogar einen zu sterben. Jeder Märtyrer war bereit, sich für seine Sache zu opfern, weil er eben davon überzeugt war, seine Sache sei größer als das Individuum. Wenn sich die Leute mit einer 3, die Arbeit mit einer 5 bewerten, werden sie auf der Straße mit bloßen Fäusten gegen Panzer kämpfen.

Im Management brauchen wir nicht Leute mit einer solchen Hingabe, aber wir brauchen Leute, welche tief in ihrem Innern an das glauben, was sie tun, welche die Bedeutung ihrer Arbeit verstehen und stolz sind auf das, was sie tun.

AKTIONSPLAN
um die Todsünde Nr. 3 zu vermeiden, indem Sie das Denken beeinflussen, anstatt Resultate zu kontrollieren

Eines der Mittel, die die Fortune-Gruppe erfolgreich anwendet, ist der Fortune-Aktionsvertrag. Nach jedem Kurs lassen die meisten Firmen ihre »Studenten« einen solchen Vertrag zur Nachkontrolle ausfüllen.

Wir legen Ihnen hier ebenfalls einen Vertrag für dieses Programm vor.

Anweisungen zum Ausfüllen des Aktionsvertrages

1. Notieren Sie unter Punkt 1 den wichtigsten Gedanken, den Sie im Verlauf dieser Sitzung gehabt haben.

2. Notieren Sie unter »Das werde ich daraus machen«:

   A Was Sie tun wollen.
   B Wann Sie es tun wollen.
   C Mit wem Sie es tun wollen.

3. Welchen Vorteil wird es für Sie haben, wenn Sie diesen Gedanken verwirklichen?

4. In unseren Sitzungen geben wir der Gruppe eine einminütige Vorbereitungspause, während der jeder Teilnehmer einen Vertrag mit seinem Nachbarn, mit einem andern Kursteilnehmer, mit der Person, die ihm den Kursbesuch ermöglicht hat, oder mit seinem Manager abschließt. Wir schlagen vor, daß auch Sie sich eine entsprechende Person aussuchen.

   A Sagen Sie dieser Person, was Sie tun wollen.
   B Sagen Sie ihr, wie Sie es tun wollen.
   C Sagen Sie ihr, welche Vorteile für Sie damit verbunden sind.

5. Vergessen Sie auf keinen Fall, das Datum des Vertragsabschlusses und das Datum der Nachkontrolle für die Person, mit der Sie diesen Vertrag abschließen, einzutragen.

Fortune-Aktionsvertrag

Weil ich das Gefühl habe, dies sei der wichtigste Gedanke, der mir beim Lesen dieses Kapitels gekommen ist, verpflichte ich mich hiermit, ihn in den nächsten sieben Tagen umzusetzen.

1. Dies ist der wichtigste Gedanke, den ich diesem Kapitel entnommen habe und den ich persönlich anwenden kann:

   ____

   ____

   ____

2. Das werde ich daraus machen:

   ____

   ____

   ____

3. Was ich gewinne, wenn ich ihn anwende:

   ____

   ____

   ____

4. Jemand, mit dem ich diese Gedanken teilen kann:

   ____

   ____

   ____

Datum des Vertrages: ________________________

Kontrolldatum: ________________________

Todsünde Nr. 4

Sich auf die falsche Seite schlagen

Wenn ich Ihnen sage, Sie sollen sich nicht auf die falsche Seite schlagen, dann hat das für einmal nichts mit Siegern und Verlierern zu tun, sondern mit der richtigen Haltung und Einstellung. Lassen Sie mich das erklären.

Die fatale Pronomen-Krankheit

Bei meiner Beratungstätigkeit für die verschiedensten Unternehmen im ganzen Land habe ich gelernt, gewisse Warnsignale zu erkennen. Bestimmte Wörter und Sätze verraten mir, wenn ein Manager den Boden unter den Füßen zu verlieren droht. Ich achte ganz besonders auf den Gebrauch von Pronomen, da innerhalb eines Unternehmens eigentlich nur ein einziges Pronomen verwendet werden sollte: *wir.*

Die Geschäftsleitung einer großen Firma beauftragte mich einmal mit einer gründlichen Analyse der Betriebsabläufe. Der Präsident, verschiedene andere Mitglieder der Geschäftsleitung und ich setzten uns mit den Abteilungsleitern zusammen. Sie waren alle in Sorge, weil das Personal infolge kurz zuvor eingeführter

Veränderungen unsicher war, worauf man sich zu konzentrieren habe und wie die Fortschritte richtig zu analysieren seien. In vielen Stunden harter Arbeit entwickelten wir ein System zur Kontrolle des Arbeitsablaufes und der meisten produktiven Tätigkeiten. Am Ende der Sitzung waren sich alle einig, daß es mit dem neuen System klappen könnte.

Die notwendigen Unterlagen waren rasch vervielfältigt, und die Abteilungsleiter machten sich auf den Weg, um ihre Leute zu informieren. Nun hatte ich Gelegenheit, unbemerkt einen dieser Abteilungsleiter zu beobachten, als er die Analyse seinen Mitarbeitern präsentierte. Er stellte sich im Sitzungszimmer vor sie hin, wedelte mit den Unterlagen durch die Luft und sagte: »Ich komme soeben von einer ›ihrer‹ Sitzungen in der Stadt zurück. Ich weiß nicht, wie ›sie‹ von ›uns‹ etwas Produktives erwarten, wenn ›wir‹ alle ›unsere‹ Zeit für Sitzungen aufwenden müssen. Wie dem auch sei, sehen Sie zu, daß diese Papiere ausgefüllt werden; ich möchte sie bis morgen früh auf meinem Schreibtisch haben.«

Da wußte ich, daß jene Firma an der Pronomen-Krankheit litt und daß eben jener Abteilungsleiter der Hauptüberträger des tödlichen Erregers war.

Wenn Sie sich selber oder einen andern Manager dabei ertappen, daß sie das Pronomen »sie« verwenden, sollten die Warnlichter aufblinken. Hören Sie genau hin: Von wem ist die Rede? Wer sind »sie«? Innerhalb eines Unternehmens dürfte es überhaupt kein »sie« geben. Und wenn doch, *dann muß es für die Leute stehen, die Sie als Manager unter sich haben.*

Wenn ein Manager seine Vorgesetzten als »sie« bezeichnet, dann ordnet er sich innerlich nicht dem Management zu und zählt sich selber nicht zum Team. Und darum versucht er, einen Keil zwischen das Management und das übrige Personal zu treiben.

Damit schadet er dem Unternehmen, und – was noch viel schlimmer ist – er schadet sich selbst. Alle fallen der Pronomen-Krankheit zum Opfer.

Ansteckungsgefahr

In einem späteren Kapitel werde ich Ihnen zeigen, wie ansteckend Einstellungen sein und von einem auf alle Mitarbeiter übergreifen können. Dies ist wohl ganz in Ihrem Sinne, wenn es sich um eine positive Einstellung handelt, aber negative müssen Sie unter allen Umständen bekämpfen, vor allem, wenn sie aus der Pronomen-Krankheit entstehen. Alle Manager sollten sich gegen folgendes vorsehen.

Angriff auf die Loyalität

Ein solcher Angriff kann auf verschiedene Arten vorgetragen werden; Zielscheibe ist aber in jedem Fall die Loyalität des Managers gegenüber Firma und Management. Wappnen Sie sich gegen folgende Unruhestifter:

Der Unruhestifter an der Seitenlinie. Da wir ja alle auch nur Menschen sind, können wir leicht zur Zielscheibe eines Unzufriedenen werden, der in seiner Unzufriedenheit nicht allein bleiben möchte. So gibt es offenbar in jedem Unternehmen einen Mitarbeiter, der versucht, das Management in verfeindete Parteien aufzusplittern. Zu diesem Zweck muß er aber Anhänger finden, und Sie kommen ihm gerade recht. Doch aufgepaßt, ein solcher Unruhestifter hat in der Regel nicht die Absicht, selbst mit in die

Schlacht zu ziehen; er will, daß andere sich in Gefahr begeben, während er von der Seitenlinie aus zuschaut. Wenn Sie Varianten von »Legen Sie sich mit ihnen an« hören, dürfen Sie sicher sein, daß Sie von einem in die Schlacht geführt werden sollen, der selber nicht einmal im Traum daran denkt, sein Schicksal mit Ihrem zu teilen.

Der Unruhestifter, der sich sein eigenes Grab schaufelt. Dieser fordert Sie dazu auf, ihn bei seinen Vorbereitungen zu unterstützen. Auch wenn sein Vorhaben vollkommen aussichtslos scheint, wendet dieser Unruhestifter sehr viel Energie dafür auf. Wenn sich nun – wie ich vorher behauptet habe – kein Mensch an eine Aufgabe heranmacht, die zu erledigen unmöglich ist, so können Sie sich zu Recht fragen, wieso denn jemand versuchen sollte, eine Palastrevolution anzuzetteln, wenn er ja doch nicht an deren Erfolg glaubt.

Die Antwort ist einfach: Möglicherweise ist eine erfolgreiche Palastrevolution gar nicht sein Ziel. Vielleicht will er nur meckern, aus reiner Gewohnheit eben, ohne jede Absicht, etwas gegen die Mißstände zu unternehmen, über die er sich beklagt. Oder die Perspektive dieses Unruhestifters ist so verdreht, daß er ohne Rücksicht auf die Folgen einfach denjenigen Schwierigkeiten bereiten will, die er nicht ausstehen kann. Vielleicht will er geradezu entlassen werden, damit er jemandem die Schuld für sein Versagen in die Schuhe schieben kann. Niemand, kein Internalist und kein Externalist, packt jemals eine Sache an, von der er nicht das Gefühl hat, sie schaffen zu können.

Der Kreuzritter. Die Möglichkeit, für *seine* Leute gegen Politik, Ziele und Absichten seiner Firma den Kreuzritter zu spielen, übt auf manchen Manager eine besonders große Anziehungskraft aus. Ob nun ein Kollege aus dem Management oder einer Ihrer Mitarbeiter Sie zu einem Kreuzzug auffordert – Sie müssen ablehnen. Selbst wenn Sie insgeheim die Klagen als begründet erachten, behalten Sie das für sich. Fällt Ihnen das zu schwer, sollten Sie sich nach einer neuen Stelle – möglicherweise nicht im Management – umsehen.

Bekämpfen Sie die fatale Pronomen-Krankheit, indem Sie sich überlegen, wo Sie und andere sich angesteckt haben. Versuchen Sie mit Hilfe von Tabelle 5 mögliche Problembereiche abzustekken.

Spannen Sie die Loyalität für sich ein

Das hohe Maß an Loyalität, das von allen Managern erwartet wird, kann für Sie von Vor- oder Nachteil sein, je nach Ihrer eigenen Einstellung und Handlungsweise. Betrachten wir einmal Rolle und Bedeutung der Loyalität aus Ihrer und aus der Sicht Ihres Unternehmens. Weshalb ist Loyalität für ein Unternehmen derart wichtig? Heißt das, daß Sie mit allem einverstanden sein müssen, was Ihre Firma tut und läßt? Wie sieht das im Geschäftsleben aus?

Für die Arbeitnehmer – so betont John Wareham in seinen *Secrets of a Corporate Headhunter* – ist Loyalität der Schlüssel, um eine Stelle zu finden und sie auch zu behalten:

»Ob man nun einen leitenden Angestellten anwirbt oder eine Freundschaft schließt, der Schlüssel zur Loyalität besteht darin, das gemeinsame Ideal zu finden ...

Suchen Sie Loyalität für Ihre Sache. Der Freiheitskämpfer des einen

Tabelle 5

Kampf der fatalen Pronomen-Krankheit

Wann habe ich fatale Pronomen verwendet?	Warum?	Wie kann ich das ändern?
Wen habe ich fatale Pronomen anwenden hören?	Warum?	Wie reagiere ich am besten darauf?

ist der Terrorist des andern, doch auf welcher Seite Sie immer stehen, Loyalität ist immer bewundernswert, auch bei einem Gegner. Und es ist jene Art der Bewunderung, die Sie der alten Frau entgegenbrächten, die sich im Krieg dem heranrückenden Feind mit dem Schürhaken entgegenstellte. Auf die Frage, was sie denn mit ihrer doch eher harmlosen Waffe hätte ausrichten können, antwortete sie: ›Ich kann denen zeigen, auf welcher Seite ich stehe.‹

Der amerikanische Psychiater Karl Menninger hätte genau verstanden, was diese Frau meinte. Er wußte Loyalität sehr treffend zu definieren: ›Loyalität bedeutet nicht, daß man mit allem, was der andere sagt, einverstanden ist oder daß man glaubt, der andere hätte immer recht. Loyalität bedeutet, daß man mit dem andern ein gemeinsames Ideal hat und trotz kleineren Meinungsverschiedenheiten dafür kämpft, Schulter an Schulter, in gegenseitigem Glauben und Vertrauen und in Treue und Zuneigung zueinander.‹ «

Loyalität bedeutet also nicht, daß Sie immer den Standpunkt Ihres Vorgesetzten teilen müssen, ebensowenig wie Ihre Untergebenen den Ihren. Dennoch gilt es, die Befehlshierarchie und die Struktur eines Unternehmens zu respektieren. Wenn Sie diese Dinge zu leicht nehmen, bereiten Sie nicht nur sich selbst, sondern auch Ihrem Arbeitgeber Schwierigkeiten, und es gerät Sand ins Getriebe. Aus diesem Grund sucht sich der kluge Manager seine engsten Freunde außerhalb der Firma, weil er so der großen Versuchung widerstehen kann, am Arbeitsplatz nicht geschäftskonforme Beziehungen einzugehen.

Ein Beispiel dafür, wie wahr das ist, mag die Entlassung von General Douglas MacArthur durch Präsident Harry Truman sein.

Truman ließ verlauten, er habe der Karriere des Generals nicht wegen Meinungsverschiedenheiten oder persönlicher Streitigkeiten ein Ende bereitet, sondern weil dieser den Respekt vor dem Amt des Präsidenten verloren habe. Und das konnte er nicht zulassen.

Solche Meinungsverschiedenheiten kann man auf bessere Art bereinigen. Als ich dieses Buch schrieb, hatten sich zwei Bekannte von mir in eine merkwürdige Pattsituation verrannt. Der Präsident eines Unternehmens (nennen wir ihn Jack) hatte beschlossen, die erfolgreichen Marketing-Bemühungen in zwei Marktbereichen mit geringem Gewinn abzubrechen und dafür zu versuchen, in einem anderen Marktbereich Fuß zu fassen, der viel stärker umkämpft war, aber auch viel höhere Gewinne verhieß. Der für den Verkauf zuständige Direktor des Unternehmens (nennen wir ihn Tom) widersetzte sich diesem Zug vehement, weil er befürchtete, dies könnte den Ruin bedeuten. Die beiden hatten die Angelegenheit mehrmals privat miteinander durchgesprochen, hatten sich aber nicht einigen können. Dennoch setzte sich Tom nun mit seiner ganzen Kraft für Jacks Plan ein und ließ dies auch seine Untergebenen wissen. Gleichzeitig sah er sich aber nach einer neuen Stelle um. Ganz einfach ausgedrückt: Tom wußte, wie wichtig es ist, auf der richtigen Seite zu stehen.

Jack erzählte mir, er habe gewußt, daß er Tom ob dieser Meinungsverschiedenheiten verlieren könne; er würde Tom aber dessenungeachtet das beste Zeugnis ausstellen, das man sich nur wünschen könne, weil Tom seine Autorität und die Struktur des Unternehmens respektiert habe.

Hätte Tom aber versucht, Zwietracht unter seine Mitarbeiter zu säen und damit keine der beiden Strategien voll zu unterstützen, wäre wohl nur ein Brief geschrieben worden: die Kündigung für Tom.

Welcher der beiden hat nun recht? Ich habe keine Ahnung; ich weiß nur, daß beide die Bedeutung gemeinsamer Anstrengungen verstehen und respektieren und daß Tom durch seine Handlungsweise Loyalität bewiesen hat.

Beförderungen aus den eigenen Reihen

Eine der Hauptursachen für die falsche Seitenwahl bei Managern ist die weitverbreitete Praxis der Beförderungen aus den eigenen Reihen heraus. Ein Angestellter leistet ausgezeichnete Arbeit auf seinem Gebiet; eine Beförderung scheint die nächstliegende Belohnung zu sein, und so wird dieser Angestellte ins Management des Unternehmens berufen.

Nun bin ich zwar durchaus für Beförderung aus den eigenen Reihen, doch muß sie so erfolgen, daß beim neu ernannten Manager ein bestimmtes Niveau an Kompetenz und Vertrauen gewahrt bleibt. Natürlich sollte er mit den Problemen seiner ehemaligen Kollegen vertraut sein, aber versteht er auch die Probleme des Managements? Leider oft eben nicht.

Zu wenige Firmen erkennen dieses Problem rechtzeitig und versuchen dann, die Lage dadurch zu retten, daß sie die künftigen Manager in Ausbildungskurse schicken. Das Schulzimmer ist ein ausgezeichneter erster Schritt, doch reicht er nicht aus. Einen Besuch von Kursen und Seminaren könnte man vielleicht mit Schwimmunterricht vergleichen, bei dem man mit dem Schüler auf dem Trockenen übt und ihn dann am tiefen Ende des Schwimmbeckens hineinwirft, wo er entweder untergeht, schwimmt oder sich mit Müh und Not über Wasser hält. Auf diese

Weise kann man eine große Zahl von potentiell guten Schwimmern verlieren.

Ein Unternehmen muß durch schrittweises Vorgehen sicherstellen, daß ein paar möglicherweise ausgezeichnete Manager nicht untergehen. Die Größe der Firma oder der Abteilung wird natürlich die Form solcher Schritte entscheidend mitbestimmen; das Prinzip bleibt aber in allen Fällen das gleiche. Lassen Sie den künftigen Manager schrittweise mehr Verantwortung übernehmen. Er kann zum Beispiel als Assistent mit dem derzeitigen Manager zusammenarbeiten oder ihn während seiner Abwesenheit vertreten. Größere Unternehmen schaffen vielleicht sogar den Posten eines stellvertretenden Managers. Doch sollten Verantwortung und Autorität auf jeden Fall nur schrittweise übertragen werden.

In einigen Fällen wird das Management entdecken, daß sich der ausgewählte Mitarbeiter für die neue Position nicht eignet. Dann sollte er möglichst sanft wieder auf den Posten zurückversetzt werden, wo er Hervorragendes geleistet hat. Und das muß so geschehen, daß ihm der Wind nicht aus den Segeln genommen wird. Niemand hat etwas davon, wenn eine Firma einen produktiven Mitarbeiter zu einem schlechten Manager befördert und diesen später mit zerstörtem Selbstbewußtsein wieder in die »große Masse« zurückstößt.

Indem man die Leute allmählich ins Management nachzieht, sind sie für eine Beförderung besser qualifiziert und entwickeln ein inneres Zugehörigkeitsgefühl zum Management. Dieses Vorgehen lohnt sich für jede Firma gleichermaßen. Der Ingenieur, Chemiker, Redakteur, Forscher oder was auch immer mag für das Management geeignet sein oder nicht. Ist er es nicht, belassen Sie ihn besser dort, wo er seine Fähigkeiten optimal einsetzen kann, und entschädigen ihn finanziell entsprechend den Leistungen, die er für Ihre Firma erbringt. Wenn ein technischer Betrieb seinen genialen Ingenieur zu einem schlechten Manager befördert, nur weil die höheren Gehaltsstufen dem Management vorbehalten sind, ist das Wahnsinn im höchsten Grad. Und trotzdem betreiben die verschiedensten Firmen immer wieder eine ähnliche kostspielige Beförderungspolitik.

Der richtige Stoff. Wenn man einer Person plötzlich ein Schild mit der Aufschrift *Manager* umhängt, wird sie nicht automatisch ihre Einstellungen ändern. Sie wird das Management immer noch als »sie« betrachten, wenn sie sich mit ihrem neuen Titel nicht wohl fühlt. Eine Person, die ausschließlich aus dem richtigen Stoff gemacht ist, kann den Übergang ganz allein schaffen. Die meisten brauchen aber Hilfe in Form von Weiterbildung und einem allmählichen Hineinwachsen in die Verantwortung. Wenn die Firma keine Unterstützung anbietet, liegt es in der persönlichen Verantwortung des neu ernannten Managers, den Übergang aus eigenen Kräften zu schaffen. Das ist möglich, wenn er auf seine Pronomen achtet und sich zügelt, sobald separatistische Gedanken auftauchen, wenn er sich nicht mit Unzufriedenen zusammentut und sich dagegen wehrt, zu einem Externalisten zu werden und die Schuld andern zuzuschieben.

AKTIONSPLAN
um die Todsünde Nr. 4 zu vermeiden, indem Sie die richtige Einstellung fördern

Eines der Mittel, die die Fortune-Gruppe erfolgreich anwendet, ist der Fortune-Aktionsvertrag. Nach jedem Kurs lassen die meisten Firmen ihre »Studenten« einen solchen Vertrag zur Nachkontrolle ausfüllen.

Wir legen Ihnen hier ebenfalls einen Vertrag für dieses Programm vor.

Anweisungen zum Ausfüllen des Aktionsvertrages

1. Notieren Sie unter Punkt 1 den wichtigsten Gedanken, den Sie im Verlauf dieser Sitzung gehabt haben.
2. Notieren Sie unter »Das werde ich daraus machen«:

   A Was Sie tun wollen.
   B Wann Sie es tun wollen.
   C Mit wem Sie es tun wollen.

3. Welchen Vorteil wird es für Sie haben, wenn Sie diesen Gedanken verwirklichen?
4. In unseren Sitzungen geben wir der Gruppe eine einminütige Vorbereitungspause, während der jeder Teilnehmer einen Vertrag mit seinem Nachbarn, mit einem andern Kursteilnehmer, mit der Person, die ihm den Kursbesuch ermöglicht hat, oder mit seinem Manager abschließt. Wir schlagen vor, daß auch Sie sich eine entsprechende Person aussuchen.

   A Sagen Sie dieser Person, was Sie tun wollen.
   B Sagen Sie ihr, wie Sie es tun wollen.
   C Sagen Sie ihr, welche Vorteile für Sie damit verbunden sind.

5. Vergessen Sie auf keinen Fall, das Datum des Vertragsabschlusses und das Datum der Nachkontrolle für die Person, mit der Sie diesen Vertrag abschließen, einzutragen.

Fortune-Aktionsvertrag

Weil ich das Gefühl habe, dies sei der wichtigste Gedanke, der mir beim Lesen dieses Kapitels gekommen ist, verpflichte ich mich hiermit, ihn in den nächsten sieben Tagen umzusetzen.

1. Dies ist der wichtigste Gedanke, den ich diesem Kapitel entnommen habe und den ich persönlich anwenden kann:

___

___

___

2. Das werde ich daraus machen:

___

___

___

3. Was ich gewinne, wenn ich ihn anwende:

___

___

___

4. Jemand, mit dem ich diese Gedanken teilen kann:

___

___

___

Datum des Vertrages: ___

Kontrolldatum: ___

Todsünde Nr. 5

Alle Mitarbeiter auf gleiche Art führen wollen

Der Manager, der alle seine Leute auf die gleiche Art, mit einer einzigen Methode zu führen versucht, kann sich auf eine Enttäuschung gefaßt machen. Er wird damit nie Erfolg haben (und sich darüber wahrscheinlich wundern). Der erfolgreiche Manager weiß, daß jeder seiner Mitarbeiter seine eigene Persönlichkeit hat, und führt eine jede auf seine Weise, da er sich ihrer Stärken und Schwächen bewußt ist.

Schwache Management-Technik

Befassen wir uns zunächst mit dem Problem, indem wir uns einige der Fallen ansehen, denen der Manager aus eigener Schwäche oder aus Unwissenheit oft zum Opfer fällt.

Der Management-Mantel

Dieses Übel hat seinen Ursprung in der Art, in welcher der Manager seine eigene Position betrachtet. Oft wurde sie ihm von Kollegen im Management eingetrichtert, die ihm einredeten, er müsse seine Rolle als Manager schon »richtig« spielen. Solche Manager stehen am Morgen auf und schlüpfen in ihre Rolle, als ob sie einen Mantel anziehen würden. Bei einigen bemerkt man es am kühlen Buchhalterlächeln, bei andern an einem überlegenen und übertrieben jovialen Verkaufsgebaren. An den meisten Orten existieren je nach Position unterschiedliche Verhaltensweisen.

Diese Haltung und die damit verbundene Zurschaustellung der Position schaden einem Unternehmen mehr, als daß sie ihm nützen. Denn der Schuß geht nicht selten nach hinten los. Aus solchem Benehmen schließen die Angestellten nämlich, daß ihr Chef daran zweifelt, ob er seiner Aufgabe gewachsen sei, und sich deshalb entsprechend herausputzen muß, um wenigstens den Schein zu wahren.

Gruppen-Management

Viele Manager versuchen, sich mit einer ganzen Schar von Mitarbeitern gleichzeitig zu befassen, um gefährliche persönliche Kontakte zu vermeiden. Derart schlechte Methoden nehmen verschiedene Formen an.

Management durch Teamsitzungen. Mantel-Managern wird diese Falle reihenweise zum Verhängnis. Sie glauben allen Ernstes, die wöchentliche oder monatliche Teamsitzung biete die beste Gelegenheit, ihre Leute zu führen. Während dieser Zeit können Sie sie ausbilden, mit ihnen Informationen austauschen, Probleme lösen und sie sogar motivieren, doch ein effizientes Management ist auf diese Weise *nicht* möglich.

Kollektiv-Angriffe. Manager, die Konfrontationen vermeiden möchten, indem sie ihre Kritik in scharf abgefaßten Memos in Umlauf bringen oder bei einer Teamsitzung alle frontal beschießen, greifen die Unschuldigen genauso an wie die Schuldigen. Es nützt auch nichts, wenn sie dann noch beifügen: »Die Betroffenen wissen schon, was ich meine.« Es ist gut möglich, daß die Schuldigen gar nicht zuhören und die Unschuldigen dafür das Sitzungszimmer deprimiert und unmotiviert verlassen.

Wer war es? Mindestens ebenso schlecht ist es, vor allen andern Anwesenden den Namen desjenigen zu nennen, der aus der Reihe getanzt ist. Dadurch wird die Kommunikationslücke zwischen Ihnen und jenem Angestellten nur noch breiter, und Sie verlieren dabei erst noch den Respekt der übrigen Mitarbeiter.

Mary Ash Kay beschreibt die Folgen eines solchen Gruppen-Managements wie folgt:

»Es ist unverzeihlich, wenn ein Manager einen Angestellten in Anwesenheit anderer zurechtweist. Und doch habe ich erlebt, wie Manager im Gespräch mit dem Team einen einzelnen Mitarbeiter kritisiert haben. Ich kann mir nichts vorstellen, was noch mehr auf die Moral schlägt.«

Es ist nicht nur kontraproduktiv, jemanden in Anwesenheit von andern zu kritisieren, es ist schlicht und einfach grausam. Ein Produktionsleiter sollte zum Beispiel nie seinen Vorarbeiter vor allen Fließbandarbeitern zurechtweisen. Stellen Sie sich vor, was geschieht, wenn der Produktionsleiter bei der Qualitätskontrolle eine Stichprobe macht und dann den Vorarbeiter anschreit: »Joe, was Sie Ihren Leuten wieder ungestraft durchgehen lassen! Sie wissen doch, daß die Firma sich diese lausige Qualität nicht leisten kann. Das ist ja im besten Fall drittklassig, was Sie hier machen. Nur weiter so, dann werden Sie sich bald nach einer andern Stelle umsehen können.«

Ein solches Vorgehen ruft nicht nur bitteren Unmut hervor, sondern es macht auch alle andern Anwesenden verlegen und verunsichert sie. In einer solchen Atmosphäre fragt sich jeder: »Ob ich wohl der nächste bin?« Jedermann fühlt sich bedroht, und die Produktivität leidet darunter. In diesem Fall stellten die Arbeiter vielleicht sogar die Fähigkeiten ihres Vorarbeiters in Frage und schadeten damit *seiner* Effizienz als Manager. Außerdem dürfte das Selbstbewußtsein des Vorarbeiters schwer angeschlagen worden sein; er reagiert wohl in Zukunft unsicher und zögernd. Die ungenügende Qualität der Produkte mag zwar ein großes Problem gewesen sein, doch das plumpe Vorgehen des Produktionsleiters dürfte die Lage nur noch verschlimmert haben. Anstatt den Vorarbeiter vor allen Anwesenden anzugreifen, hätte der Manager das Problem mit ihm unter vier Augen besprechen sollen. Dabei wären die Aussichten wohl besser gewesen, ein echtes Problem in der Produktion zu lösen, und die Moral des Vorarbeiters *und* seiner Arbeiter wäre intakt geblieben. Jedermann hätte davon profitiert, auch die Firma.

Das Führen von Menschen kann nur von Mann zu Mann beziehungsweise unter vier Augen erfolgen. Wenn Sie zu einem einzigen Zuhörer sprechen, können keine Zweifel darüber aufkommen, an wen Ihre Worte gerichtet sind. Zudem können Sie bei einer derartigen Gegenüberstellung erfahren, welches die Ursache des Problems ist.

Weshalb Manager versuchen, ganze Gruppen zu managen

Wenn diese Methode so wirkungslos ist, warum wird sie dann so oft angewendet?

Gewisse arbeitsscheue Manager wollen sich einfach nicht die Zeit nehmen, um ihre Arbeit gehörig zu verrichten, und so versuchen sie eben, die Arbeit einer ganzen Woche in einer einzigen Sitzung zu erledigen. Ihre Mitarbeiter können sie allerdings keinen Augenblick lang täuschen. Andere Manager haben nie gelernt, einem anderen Menschen in die Augen zu blicken und einfach zu sagen, was sie auf dem Herzen haben. Für sie ist die Rückwand des Sitzungszimmers der Brennpunkt ihrer ganzen Manager-Bestrebungen. Wieder andere sehen in einer solchen Sitzung einen Ausdruck von Macht, wie es das folgende Beispiel beweist.

Ich nahm einmal an einer der monatlichen Sitzungen einer Verkaufsabteilung teil, wo der Generaldirektor sechsundsechzig Leute gefangenhielt, während er sich in allen Einzelheiten über die letzte Telefonrechnung ausließ. Nach fünfundsiebzig Minuten stand er immer noch vor seinen Leuten und sagte: »Dann hätten wir da noch dieses Ferngespräch nach Fayetteville am vierundzwanzigsten. Wer hat das geführt?«

Ein Mann antwortete: »Ich.«

Er log.

Er hatte dieses Gespräch nie geführt, aber er hätte alles gesagt, nur um diesen Raum verlassen zu können. Ich hätte selbst beinahe zugegeben, daß ich mit Fayetteville gesprochen hatte!

Eigentlich hätte die Firma nur eins tun können, als die Rechnung eintraf: sie bezahlen und schweigen. Und danach hätte sie irgendeine Form von Kontrolle über solche Ferngespräche einführen müssen.

Aber fragen Sie sich nun selbst: Warum in aller Welt mußte ein Mann, der Direktor eines Unternehmens, bei dem allein das Offenhalten des Betriebs mehrere tausend Dollar pro Stunde kostete, den ganzen Betrieb wegen eines Telefongesprächs in der Höhe von $ 1.67 aufhalten? Geld sparte er damit bestimmt nicht ein. Legte er damit irgendwelche Bestimmungen fest? Ich glaube nicht. Meiner Meinung nach genoß er es einfach, eine Zeitlang auf Kosten des Unternehmens den Tyrannen zu spielen. Diesem Mann wurde nicht der Respekt gezollt, den er im Grunde genommen haben wollte, und er nahm nur die monatliche Gelegenheit wahr, das ganze Team frontal anzugreifen. Sein Ego hatte gelitten – vielleicht in seiner Kindheit, wer weiß? –, aber er beharrte darauf, eine Teamsitzung für eine Demonstration seiner Macht zu mißbrauchen. Doch was er sich dabei einhandelte, war nur ein weiterer Verlust an Respekt.

Eines Tages beobachtete ich einen Mann mit militärischer Vergangenheit, der einen Fortbildungskurs für Vertreter leitete. Obwohl er selbst nie in diesem Beruf gearbeitet hatte, war er für seine Aufgabe kompetent genug, da es in erster Linie um Warenkunde ging. Ungefähr dreißig Minuten nach Beginn seines Vortrags ging die Tür ein Stück weit auf, und ich erkannte eine silbern schimmernde Löwenmähne. Ein großgewachsener, gutaussehender Mann um Mitte Sechzig trat ein. Als er bemerkte, daß er zu spät war, machte er sich ganz klein und ging auf Zehenspitzen zum nächstbesten freien Stuhl. Er wollte sich eben setzen, als der Kursleiter innehielt und fragte:

»Wie ist Ihr Name, Sir?«

»Peters, Sir, es tut mir schrecklich leid, daß ich zu spät bin.«

»Mr. Peters, wann sollte dieser Kurs beginnen?«

»Um neun Uhr, Sir.«

»Mr. Peters, waren Sie beim Militär?«

»Ja, Sir.«

»Mr. Peters, wenn Sie im Militär um neun Uhr dreißig zu einem auf neun Uhr angesetzten Rapport erschienen wären, was wäre dann geschehen?«

Nun richtete sich Peters zu seiner vollen Größe auf und lächelte: »Dann wären alle Anwesenden aufgesprungen, hätten salutiert und gesagt: ›Guten Tag, Sir.‹ «

Peters war General im Ruhestand! Die wichtigste Lektion des Tages hatte jener Mann gelernt, der den Kurs leitete: Bevor man auf jemanden losgeht, sollte man besser wissen, mit wem man es zu tun hat. Wenn nun aber jemand chronisch zu spät kommt oder frühzeitig aus Sitzungen weggeht, nehmen Sie sich diese Person unter vier Augen vor und sprechen Sie mit ihr, aber greifen Sie sie nicht vor dem ganzen Team an.

Kommen wir noch einmal auf die vorherige Geschichte zurück. Als der Kursleiter den zu spät gekommenen Peters angriff, ging es ihm nicht darum, Peters oder dem Team zu helfen. Er griff Peters aus einem einzigen Grund an: Die verspätete Ankunft traf sein Ego. Wir greifen jemanden an, weil wir nicht so respektvoll behandelt werden, wie es uns unserer Meinung nach zusteht. Wenn wir uns von unserem Ego hinreißen lassen, greifen wir unsere Leute an und schaden ihnen – und auch uns – zweifellos.

Ein andermal war ich an einer Sitzung, in der Don Kehoe, der Präsident der Coca-Cola Company, einen Vortrag hielt, der von der Produktionsgesellschaft der Fortune-Gruppe gefilmt wurde. Mitten in der Präsentation betraten zwei Männer den Raum. Don Kehoe warf rasch ein: »Kommen Sie herein, meine Herren, die Letzten werden die Ersten sein.« Und dann setzte er unbeirrt seinen Vortrag fort.

Nachher fragte ihn jemand, ob er den Teil mit der Unterbrechung noch einmal drehen wolle. »Warum?« fragte er zurück. »Wenn meine leitenden Angestellten zu spät kommen, haben sie einen Grund dafür.«

Ein so reifes und fähiges Management sieht ein, daß Leute, die ganze Gruppen managen wollen, die Übersicht verlieren und irreführen statt führen. Nun wollen wir uns aber ein paar guten Management-Techniken zuwenden.

Wie man Leute richtig führt

Natürlich ist auch eine richtige »Papierverwaltung« Teil des Managements, aber im geheimen werden die meisten von uns doch zugeben, daß eine gute Sekretärin für $ 1500 im Monat den Papierkram wesentlich besser erledigt als die meisten Manager. Für dieses Geld wird man aber nie jemanden einstellen, der gut mit Menschen umgehen kann. Setzen Sie sich deshalb zum Ziel, Menschen richtig zu führen; die folgenden Ideen werden Ihnen helfen, jedes Mitglied Ihres Teams als Individuum zu behandeln.

Sprechen Sie mit Ihren Angestellten unter vier Augen. Wir haben bereits gesehen, wie schlecht es ist, einen einzelnen Mitarbeiter anzusprechen, indem man das Problem vor dem ganzen Team breitwalzt. Ein kluger Manager bemüht sich, die Person, mit der er etwas zu regeln hat, beiseite zu nehmen, so daß Probleme wirklich unter vier Augen gelöst werden können.

Wenn Sie Leute führen, die keine Zeituhr stechen müssen, ergibt sich bei einem Morgenarbeiter die beste Gelegenheit am Morgen früh. Dies kann bedeuten, daß halt auch Sie um sieben im

Büro sein müssen, um mit ihm in Ruhe sprechen zu können. Vielleicht müssen Sie mitten in der Nacht vorbeigehen oder um zehn oder elf Uhr abends anrufen, um einen Nachtarbeiter zu erreichen. Bei einer andern Person ist es vielleicht am besten, Sie gehen zu ihr ins Büro und schlagen vor: »Kommen Sie, gehen wir miteinander zum Mittagessen.« Oder Sie setzen sich mit zwei Tassen Kaffee an den Schreibtisch des Betreffenden und sagen: »Wir haben miteinander zu reden.« Eine Partie Golf oder ein gemeinsames Frühstück bieten andere Gelegenheiten. Das Treffen kann sogar in Ihrem eigenen Büro stattfinden, sofern Sie sich nicht hinter Ihrem Schreibtisch verkriechen. Welche Situation es immer auch sein mag, wichtig ist nur, daß Sie beide allein sind.

Seien Sie aufmerksam und erreichbar. Dies läßt sich am besten erreichen, wenn Sie Ihr Büro in der Nähe des Eingangs einrichten. Auf diese Art können Sie viele Management-Probleme lösen, noch ehe sie richtig entstanden sind. Anstatt sich in den Hintergrund zurückzuziehen, sich hinter Papierbergen und geschlossenen Türen zu verstecken, können Sie Probleme erkennen und Ihre Mitarbeiter davor bewahren, mit Problemen nach Hause zu gehen und als »Versager« nächtelang nicht schlafen zu können.

Wenn Angestellte verärgert, niedergeschlagen oder nervös zur Arbeit kommen, führen Sie sie auf ein Wort in Ihr Büro und vermeiden dadurch, daß sie sich an ihre Kollegen wenden und im Team Unruhe stiften. Sie werden zahllose Gelegenheiten haben, den Leuten zu helfen, die von Ihnen abhängig sind, wenn Sie sich nicht der zwar einfacheren und genaueren Wissenschaft des Papierkrams verschreiben, sondern daran denken, daß Sie eingestellt worden sind, um Ihre Leute zu führen.

Ich höre, frustrierte Manager würden einen Angestellten abschreiben, wenn er nicht genau gleich wie andere auf eine bestimmte Management-Technik anspreche. Als mich ein Manager fragte, ob ich mit der Entlassung eines bestimmten Angestellten einverstanden wäre, bat ich ihn, mir seinen Schlüsselbund zu zeigen. Verblüfft holte er ihn aus der Tasche. Ich wählte einen Schlüssel und fragte: »Was können Sie mit diesem Schlüssel öffnen?«

»Die Tür meines Wagens.«

»Können Sie damit auch die Tür des Wagens Ihrer Frau aufschließen?«

»Nein, natürlich nicht.«

»Nun, das ist doch ein absolut brauchbarer Schlüssel, der zu Ihrem Wagen paßt. Warum verschrotten Sie nicht den Wagen Ihrer Frau und kaufen ihr einen, den Sie mit Ihrem Schlüssel auch öffnen können?«

Natürlich hat er einen anderen Schlüssel, der zum Wagen seiner Frau paßt. Genauso ist eine andere Methode der Schlüssel zu einem Angestellten, der nicht auf die erste Methode anspricht. Eine Methode, die beim einen Angestellten funktioniert, ist bei einem anderen vielleicht vollkommen unbrauchbar.

Gutes Management heißt nicht nur auswählen, sondern auch anwenden.

Wenn Sie überdies einmal einen Schlüssel haben, der Ihnen Zugang zu einem bestimmten Angestellten verschafft, können Sie sich in der Regel darauf verlassen, daß dieser Schlüssel immer wieder paßt, wenn Sie mit diesem Mann zu tun haben.

Alle effizienten Manager arbeiten mit einer Mischung aus diesen vier Methoden und variieren sie, damit sie den Bedürfnissen, Emotionen und Situationen der einzelnen Angestellten entgegenkommen.

1. Autokratisches Management. Wie das Wort »autokratisch« verrät, lebt dieser Manager von seiner eigenen Stärke. Er sagt: »Tun Sie das so ...«, »Ich habe gesagt ...« oder »Solange Sie hier arbeiten, wird das so und so gemacht.«

Zwei Faktoren bestimmen, ob ein autokratisches Management Erfolg hat oder nicht:

1. Die Umstände (zum jeweiligen Zeitpunkt)
2. Wer zu führen ist.

Seien wir realistisch. Manchmal schafft es ein autokratisches Management ganz allein. Wenn die Kugeln pfeifen, beruft man keine Sitzung ein und bittet um Meinungen, sondern einer übernimmt die Führung und leitet das ganze Unternehmen; die Umstände erfordern es so.

Mike Vance, ein früherer Mitarbeiter von Walt Disney, erzählt folgende Geschichte. Ein Aufseher überwachte einmal einige Angestellte, als diese ein paar müde Zugpferde durch das Gedränge auf der Main Street in Disneyland in den Stall führen sollten. Das Wogen der Menschenmenge versetzte die Pferde in Panik. Der Aufseher reagierte schnell, gab ein paar Anweisungen an die Menge und an seine Leute, und schon wurden die Pferde auf einem andern Weg zum Stall geführt. Dann erst, als die Pferde sicher untergebracht waren, wandte er sich seinen Leuten zu und sagte: »Mir scheint, wir haben ein Problem. Wie kommen wir mit abgearbeiteten Pferden gegen Torschluß durch die verstopften Straßen zum Stall?« Diese Situation verlangte eindeutig nach einer autokratischen Führung; danach konnte man demokratisch an die Lösung des Problems herangehen.

Der andere Faktor, der über Erfolg oder Mißerfolg eines autokratischen Managements entscheidet, ist der Mensch, der geführt werden soll. Manche Menschen lassen sich einfach nicht auf diese Weise führen. Selbst wenn sie wüßten, daß die von Ihnen gewählte Methode einzig und allein realistisch ist, würden sie keinen Finger rühren, sondern lieber sterben. Verwenden Sie privat, unter vier Augen, lieber eine andere Technik.

Bei andern Leuten trifft das Gegenteil zu. Sie sind sehr neu im Management, wenn Sie es noch nie mit einem Mitarbeiter zu tun hatten, der überhaupt nicht hört, was Sie sagen, wenn Sie es ihm nicht, bildlich gesprochen, mitten ins Gesicht sagen. Wenn jemand nur auf diese Art von Management anspricht, dann wendet der effiziente Manager in diesem Fall keine andere Methode an. Alles andere würde wahrscheinlich als Schwäche angesehen.

2. Bürokratisches Management. Das ist Management nach Regeln und Vorschriften. Und es ist genauso gut wie das autokratische Management, solange es funktioniert. Ich habe jedoch den Eindruck, daß wir das bürokratische Management oft übertreiben. Viele von uns betrachten die Firmenpolitik nicht als Werkzeug, sondern benützen sie als Waffe, um jeden und alle zu totaler Unterwerfung zu zwingen. Ich kenne einige Manager, die bürokratischer sind als ein Materialverwalter in einem staatlichen

Betrieb. Beim kleinsten Problem greifen sie nach dem Handbuch mit den Regeln und richten es wie ein Gewehr auf einen.

Bei Angestellten, die reif genug sind, um die Regeln der Firmenpolitik zu akzeptieren, funktioniert das bürokratische Management. Andere fühlen sich dagegen vollkommen entmenschlicht, wenn Sie Regeln und Firmenpolitik gegen sie ins Feld führen. Sie kommen sich vor, als ob sie Roboter, Minicomputer oder Bauern auf einem Schachbrett wären. Möglicherweise gelangen sie auch zur Auffassung, Sie seien im Management nicht kreativ genug, um auf besondere Situationen einzugehen.

Einige Angestellte sind mit einem bürokratischen Management nicht nur einverstanden, sie verlangen geradezu danach, weil diese ganze Reglementierung ihnen Befriedigung verschafft. Ich kenne einen Verkaufschef in Washington, D. C., in dessen Abteilung zwei vollkommen gegensätzliche Vertreter arbeiteten. Der eine war lange Zeit beim Militär gewesen und konnte einfach nicht begreifen, weshalb nicht alle Angestellten um 07.00 Uhr morgens stramm dastehen mußten, obgleich kein potentieller Kunde der Firma vor 09.00 Uhr zu sprechen war.

Sein Gegenteil war vor 11.30 Uhr kaum im Büro anzutreffen, außer eine Teamsitzung oder ein anderer Anlaß erforderte seine Anwesenheit. Dazu erschien er aber immer pünktlich. Anderseits war der Spätaufsteher häufig auch um Mitternacht noch an seinem Schreibtisch anzutreffen. Er wies von achtzehn Vertretern den zweitgrößten Umsatz aus, und wenn er auch seinem ureigenen Arbeitsrhythmus nachging, so mußte er doch nie eine Sekretärin bitten, seinetwegen Überstunden zu machen. Er ging seiner Arbeit nach und ließ die andern ihrer Arbeit nachgehen.

Die ungewöhnlichen Arbeitszeiten des Spätaufstehers paßten nun dem Frühaufsteher gar nicht, und so erkundigte er sich einmal bei seinem Vorgesetzten, wann dieser endlich für Ordnung sorgen wolle. Der Verkaufschef zückte das Handbuch mit den firmeninternen Regeln und Vorschriften und bewies dem Unzufriedenen, daß darin zwar alles mögliche festgelegt war, daß aber – außer für das Büropersonal – für niemanden irgendwelche Vorschriften über die Arbeitszeiten gemacht wurden.

Dieser Manager handelte brillant. Er zwang den Frühaufsteher nicht zum Eingeständnis, daß der Spätaufsteher produktiver war und im Büro für weniger Wirbel sorgte. Obwohl es nicht erforderlich war, stellte er den bürokratiehungrigen Mann zufrieden, als dieser wollte, daß jedermann sich nach dem Buch verhalte, das für ihn offensichtlich zur Bibel geworden war.

Vielleicht steht dieses Beispiel nicht so sehr für bürokratisches Management, sondern eher dafür, daß man tun soll, was auch wirklich funktioniert. Wenn die vier Management-Stilarten keine Wirkung zeigen, haben Sie nicht gemanagt.

3. Demokratisches Management. Davon hören wir heute oft sprechen. Es bedeutet nicht, jedermann mit abstimmen zu lassen. Wenn wir das Personal abstimmen lassen, wenn wir die Angestellten die Entscheidungen des Managements treffen lassen, dann ist das nicht demokratisches Management; dann entsagen wir unserer Verantwortungen, und es gibt überhaupt kein Management.

Ein solches Stimmrecht sieht man oft in kleinen Firmen, wo sich der eigentliche Manager weigert, seine Aufgaben wahrzunehmen. Wenn Demokratie mit Stimmrecht zusammenhängen muß, dann suchen wir wohl besser eine neue Bezeichnung für den allgemein so beliebten Ausdruck. Demokratisches Management heißt in Wirklichkeit, die Angestellten am Beratungsprozeß teilhaben zu lassen.

Die große Mehrheit der Leute gelangt zur weisen Erkenntnis, daß sie nicht das letzte Wort bei einer Entscheidung haben sollten, wenn sie nicht die Verantwortung für Erfolg oder Mißerfolg einer Bemühung tragen. Und obwohl sie dies anerkennen, glauben sie doch, die Entscheidungsfindung mit beeinflussen zu müssen.

Viele Vorteile ergeben sich daraus, wenn man seinen Mitarbeitern die Gelegenheit gibt, am Beratungsprozeß teilzunehmen. Es gibt dem Manager nämlich die Möglichkeit, die Dinge nicht nur aus seiner, sondern auch aus anderen Perspektiven zu sehen. Und wenn er den anderen Meinungen ernsthaft Gehör schenkt, sollte jeder Manager besseren Entscheidungen gegenüber offen sein.

Wenn ein Unternehmen seinen Angestellten erlaubt, am Beratungsprozeß teilzuhaben, bekommen sie das Gefühl, sie würden in der Tat etwas zum Betrieb beitragen, und sie erkennen, daß sie dem Manager etwas wert sind. Wenn man sie so respektvoll behandelt, sprechen sie gut darauf an. Einige werden praktisch ihr Leben für die Firma hingeben. Aber auch da wird es Ausnahmen geben, so zum Beispiel jenen Angestellten, den Sie heute um seine Meinung fragen und den Sie am folgenden Morgen zu Ihrer Überraschung mit hochgelegten Füßen hinter Ihrem Schreibtisch wiederfinden.

Nichts funktioniert immer. Wir sollten also das Management unter vier Augen nicht einfach als neumodischen Gag abschreiben. Nein, es ist vielmehr die Art, in der die meisten guten Manager gearbeitet haben, seit die freie Marktwirtschaft existiert. Der große Unterschied liegt darin, daß wir heute soweit sind, jeder Technik und jedem Verfahren einen Namen zu geben und ernsthaft zu überlegen, wann und warum was am besten funktioniert.

4. Idiosynkratisches Management. Wenn wir diese Bezeichnung für den besten Managerstil brauchen, verwenden wir ihn eigentlich falsch. Wir könnten jedes gute Management als idiosynkratisch bezeichnen, weil jedes gute Management unter vier Augen stattfindet und auf das Individuum abgestimmt ist. Wenn wir den Begriff »idiosynkratisches Management« brauchen, beziehen wir uns auf die Extreme der Persönlichkeit, Extreme, die im wahrsten Sinne des Wortes Idiosynkrasien sind. Wenn wir die Idiosynkrasien dazu einsetzen, daß wir mit einem Angestellten besser zurechtkommen, haben wir *idiosynkratisches Management* praktiziert.

Sie haben unter Ihren Leuten sicher auch jemanden, der ungewöhnlich viel persönliche Aufmerksamkeit verlangt. Wenn Sie sich bemühen, ihm seine notwendigen »Streicheleinheiten« zu verschaffen, praktizieren Sie idiosynkratisches Management. Wenn Sie einen andern Angestellten haben, der förmlich nach Anerkennung lechzt, und Sie tun alles, damit er seine Anerkennung findet, praktizieren Sie idiosynkratisches Management. Wenn ein dritter Angestellter am liebsten allein gelassen wird, nachdem Sie ihm Aufgabe und Ziel erklärt haben, und Sie lassen ihn dann auch wirklich allein, dann praktizieren Sie idiosynkratisches Management.

Mein erster Chef in meinem Leben verstand sich auf idiosynkratisches Management. Ich war wie Wachs in seinen Händen. Ich war gerade achtzehn und hatte meine erste Stelle im Verkauf, er war vierundachtzig. Die Firma verkaufte Immobilien, und ihre Angestellten wußten, daß sie täglich, jeden Tag, ein Grundstück auf ihre Liste setzen können sollten. So etwas hatte man noch nie gehört. Und es gelang denn auch keinem in der Firma über längere Zeiträume hinweg. Das große Ziel war und blieb es aber trotzdem.

Ich erinnere mich genau. Es war an einem Sechzehnten, als der alte Herr an meinen Schreibtisch trat und flüsterte: »Stevie, wie viele Eintragungen haben Sie diesen Monat schon auf der Liste?«

Ich wußte, daß er es wußte. Er brauchte mich durch sein Fragen nicht in Verlegenheit zu bringen, aber er tat es. Ich antwortete: »Zwei.«

Er schüttelte seinen Kopf und sagte: »Ich verstehe das nicht. Ich glaube, ich könnte einen Esel mieten, ihm ein Schild auf den Rükken hängen, worauf steht *Butler Realty Company, bitte tragen Sie Ihr Grundstück hier ein,* und dann einen kleinen Jungen bitten, den Esel durch die Straßen zu führen. Ich glaube, der Esel würde mehr als zwei Eintragungen in sechzehn Tagen schaffen.«

Er kannte mich. Er wußte, daß ich ihn am liebsten umgebracht hätte. Er wußte aber auch, daß ich großen Respekt vor ihm hatte. Und er wußte noch eins: Wenn er mich genügend in Rage bringen konnte, würde ich nicht mehr an meinem Schreibtisch herumlungern und mich selbst bemitleiden, sondern ich würde etwas unternehmen.

Und genau das tat ich. Um sechs Uhr an jenem Nachmittag jagte ich mein Auto mit gut neunzig Stundenkilometern durch das Stadtzentrum von Birmingham, um ja noch im Büro einzutreffen, bevor er nach Hause ging. Ich knallte ihm meine Liste mit zwei Eintragungen auf seinen Schreibtisch und sagte: »Nun zeigen Sie mir den Esel, der mit zwei Eintragungen an einem einzigen Tag nach Hause kommt.«

»Gut möglich«, gab er zurück, »Sie würden morgen besser vier bringen.« Und mir war klar, daß er mich zum zweitenmal erwischt hatte.

Nicht *was er sagte,* war gut; gut war, *zu wem er es sagte.* Er hätte das nie bei dem Mann gewagt, mit dem ich damals das Büro teilte. Der war zwanzig Jahre älter als ich, und er hätte das Büro schon längst verlassen, bevor Mr. Butler seine Spekulationen über die Produktivität eines Esels noch beendet hätte.

Um die Todsünde Nr. 5 zu vermeiden, sollten Sie ihre Angestellten ebensogut kennen wie die Mitglieder Ihrer Familie. Und das tun, was auch wirksam ist, um jeden einzelnen zu motivieren. Gehen Sie anhand von Tabelle 6 alle Methoden durch, die Sie schon angewendet haben, aber auch die, die Sie neu dazugelernt haben.

Tabelle 6

Rückblick auf Management-Methoden

Welche schwachen Management-Methoden habe ich angewendet?	Welches waren die Ergebnisse?	Wie kann ich die Dinge besser machen?
Welche guten Management-Methoden habe ich angewendet?	Welches waren die Ergebnisse?	Wie kann ich diese Methoden noch wirksamer einsetzen?
Wie habe ich die vier Management-Stile angewendet?	Welches waren die Ergebnisse?	Wie kann ich sie noch wirksamer einsetzen?

AKTIONSPLAN
um die Todsünde Nr. 5 zu vermeiden, indem Sie lernen, wie Sie jeden einzelnen Ihrer Mitarbeiter motivieren können

Eines der Mittel, die die Fortune-Gruppe erfolgreich anwendet, ist der Fortune-Aktionsvertrag. Nach jedem Kurs lassen die meisten Firmen ihre »Studenten« einen solchen Vertrag zur Nachkontrolle ausfüllen.

Wir legen Ihnen hier ebenfalls einen Vertrag für dieses Programm vor.

Anweisungen zum Ausfüllen des Aktionsvertrages

1. Notieren Sie unter Punkt 1 den wichtigsten Gedanken, den Sie im Verlauf dieser Sitzung gehabt haben.
2. Notieren Sie unter »Das werde ich daraus machen«:

   A Was Sie tun wollen.
   B Wann Sie es tun wollen.
   C Mit wem Sie es tun wollen.

3. Welchen Vorteil wird es für Sie haben, wenn Sie diesen Gedanken verwirklichen?
4. In unseren Sitzungen geben wir der Gruppe eine einminütige Vorbereitungspause, während der jeder Teilnehmer einen Vertrag mit seinem Nachbarn, mit einem andern Kursteilnehmer, mit der Person, die ihm den Kursbesuch ermöglicht hat, oder mit seinem Manager abschließt. Wir schlagen vor, daß auch Sie sich eine entsprechende Person aussuchen.

   A Sagen Sie dieser Person, was Sie tun wollen.
   B Sagen Sie ihr, wie Sie es tun wollen.
   C Sagen Sie ihr, welche Vorteile für Sie damit verbunden sind.

5. Vergessen Sie auf keinen Fall, das Datum des Vertragsabschlusses und das Datum der Nachkontrolle für die Person, mit der Sie diesen Vertrag abschließen, einzutragen.

Fortune-Aktionsvertrag

Weil ich das Gefühl habe, dies sei der wichtigste Gedanke, der mir beim Lesen dieses Kapitels gekommen ist, verpflichte ich mich hiermit, ihn in den nächsten sieben Tagen umzusetzen.

1. Dies ist der wichtigste Gedanke, den ich diesem Kapitel entnommen habe und den ich persönlich anwenden kann:

   ____

   ____

   ____

2. Das werde ich daraus machen:

   ____

   ____

   ____

3. Was ich gewinne, wenn ich ihn anwende:

   ____

   ____

   ____

4. Jemand, mit dem ich diese Gedanken teilen kann:

   ____

   ____

   ____

Datum des Vertrages: ____________________________

Kontrolldatum: ____________________________

Todsünde Nr. 6

Vergessen, wie wichtig Gewinn ist

Wie ich bereits in Kapitel 2 festgestellt habe, hat das Management einen wichtigen Zweck, nämlich für das Fortbestehen des Unternehmens zu sorgen. Natürlich, aber wie genau? Die folgende Geschichte verrät die Antwort auf diese Frage.

Der Direktor einer Firma nahm eines Tages in einem Restaurant in der Stadt das Mittagessen ein. Mittendrin vernahm er vier bekannte Stimmen, die vom unsichtbaren Nachbartisch herüber an sein Ohr drangen. Die Diskussion war so hitzig, daß er einfach zuhören mußte, ob er nun wollte oder nicht. Jeder seiner vier Vizedirektoren versuchte voller Stolz, seine Abteilung ins richtige Licht zu rücken. Der für die Produktion zuständige Manager sagte: »Das ist doch keine Frage. Die Abteilung, die am meisten zum Erfolg eines Unternehmens beiträgt, ist die Produktionsabteilung. Wenn man kein gutes Produkt hat, hat man gar nichts.«

Als nächster war der Verkaufschef an der Reihe: »Falsch! Das beste Produkt der Welt ist nutzlos, wenn nicht eine dynamische Verkaufspolitik dafür sorgt, daß es auch verkauft wird.«

Der für Public Relations zuständige Vizedirektor war anderer Meinung: »Wenn eine Firma nicht nach innen und nach außen das richtige Image hat, ist die Pleite vorprogrammiert. Kein

Mensch kauft ein Produkt von einer Firma, zu der er kein Vertrauen hat.«

»Ich glaube, Sie alle sehen das ein bißchen zu eng«, wandte der Personalchef ein. »Wir alle wissen doch, daß die stärkste Seite einer Firma ihr Personal ist. Ohne starke, persönlich motivierte Leute kommt der Betrieb einer Firma früher oder später zum Stillstand.«

Die vier jungen, ehrgeizigen Männer diskutierten weiter, wobei jeder natürlich auf seine eigene Mühle redete. Als der Direktor seine Mahlzeit beendet hatte, trat er zu den vier Männern an den Tisch: »Meine Herren«, sagte er, »ich habe Ihre Diskussion mitverfolgen können und freue mich, daß Sie alle so stolz auf Ihre Abteilungen sind. Aber bei keiner Firma hängt der Erfolg von einer einzelnen Abteilung ab. Wenn Sie sich das etwas besser überlegen, werden Sie feststellen, daß die Leitung einer erfolgreichen Firma viel Ähnlichkeit mit einem Jongleur hat, der versucht, fünf Bälle in der Luft zu halten. Vier der Bälle sind weiß. Auf dem einen steht *Produkt,* auf dem zweiten *Verkauf,* auf dem dritten *Public Relations* und auf dem vierten *Personal.* Doch da ist noch der fünfte, der rote Ball. Auf ihm prangt das Wort *Gewinn.* Und der Jongleur muß in jedem Augenblick daran denken: Was immer auch geschieht, ich darf den roten Ball nie fallen lassen.«

Dieser Direktor hat vollkommen recht. Ohne Gewinn gerät die Firma mit dem besten Produkt, mit dem strahlendsten Image, mit den einsatzfreudigsten Leuten und den größten finanziellen Reserven bald in Schwierigkeiten einer Art, die selbst ein äußerst renommiertes Unternehmen schon bald in Vergessenheit geraten lassen.

Der Beweggrund Gewinn

Wohin Sie auf der ganzen Welt auch gehen, Sie werden überall feststellen, daß der wichtigste Maßstab, nach dem ein Management beurteilt wird, seine Fähigkeit ist, einen Gewinn zu erzielen. Selbst wenn Sie in Rußland der Chef einer Kolchose oder eines Industriebetriebs wären, würden Ihre Vorgesetzten Ihren Erfolg am Gewinn messen – wobei das vielleicht mit etwas weniger kapitalistischen Begriffen ausgedrückt würde. Aber dennoch, sie würden Sie nach Ihrer Fähigkeit beurteilen, einen Gewinn zu machen.

Ohne Gewinn kann man nicht existieren

Ich vermute, daß das Wort »Gewinn« bis zum erst jüngst erfolgten Wiederaufleben von Unternehmerstudien in Verruf war, weil unsere Gesellschaft von liberalen, nichtkapitalistischen Ideen dominiert wurde. Die Anhänger solcher Ideen haben es ganz einfach schwer, Gewinn und Dienstleistung miteinander zu vereinbaren. Sie würden ihr Warenlager verschenken. Vor allem, weil sie ihr ganzes Leben lang in einem Kokon lebten, sind sie sehr kurzsichtig geworden. Wer niemals Verantwortung für die existentiellen Entscheidungen eines Unternehmens getragen hat, verpaßt eine der großen Erfahrungen des Lebens. Er hat nie eine Gehaltsliste gemacht. Und wer das niemals gemacht hat, kann die wahren Tiefen der Besorgnis oder das vollkommene Glücksgefühl der Erleichterung nicht ermessen. Ein Mensch hat einfach nicht gelebt, bevor er das erlebt hat.

Kein Unternehmen, keine Institution kann bestehen, ohne über die Betriebskosten hinaus einen Überschuß zu erzielen.

Sogar Kirchen und nicht auf Gewinn gerichtete Institutionen müssen sich darauf ausrichten.

Einer meiner besten Freunde, Bill Oliver, gab seine Stellung als Vizedirektor der Marketing-Abteilung bei einer erfolgreichen Software-Firma auf, um geschäftsführender Direktor der *Straight, Inc.*, zu werden. *Straight* ist eine nicht auf Gewinn gerichtete Organisation, welche Teenagern behilflich ist, mit ihren Drogenproblemen fertigzuwerden und ganz davon loszukommen.

Bill und ich feierten den ersten Jahrestag seines Stellenwechsels mit einem guten Abendessen. Im Verlaufe des Gesprächs erkundigte ich mich, welches seine größte Herausforderung gewesen sei. Er erwiderte: »Soweit kommen, daß die Mitglieder unserer Organisation begreifen, daß wir niemandem helfen können, wenn wir unsere nicht auf Gewinn gerichtete Organisation nicht nach den gleichen Prinzipien führen wie ein anderes erfolgreiches Unternehmen. Steve, wir haben großartige Leute bei uns, die ihr Leben dafür einsetzen, unsern Jungen mit ihren Problemen zu helfen. Aber wenn ihre Vorstellungen von Dienstleistungen nicht durch klare, gute Geschäftsprinzipien in die richtigen Bahnen gelenkt würden, arteten sie in ihre größte Schwäche statt in ihre größte Stärke aus.«

Straight hatte sich seit der Gründung konsequent geweigert, von der Regierung Subventionen anzunehmen – nicht aus politischen Gründen, sondern um dem Management nicht ein falsches Gefühl von Sicherheit zu verleihen. Die Institution geht von der Annahme aus, solange sie ein Bedürfnis der Gesellschaft abdecke, stünde immer genügend Geld von privater Seite zur Verfügung. Wenn sie nun nach den Prinzipien operiert, die Bill Oliver für so wichtig hält, dürfte das Fortbestehen der Organisation fast automatisch gesichert sein.

Ich kann mir keinen einzigen Managerposten vorstellen, der nicht auf die eine oder andere Art mit dem Gewinn einer Firma verknüpft wäre. Wenn es zu Ihren Aufgaben gehört, großen Organisationen in vernünftigem Maße Spenden zukommen zu lassen, dann haben Sie immer auch irgendwie mit dem Gewinn zu tun. Das Geld, das Sie verteilen, stammt natürlich aus dem Gewinn, doch der Zusammenhang liegt noch viel tiefer. Was Sie tun, hängt doch ein Stück weit mit der Public-Relations-Aktivität Ihres Unternehmens zusammen. Wenn Sie Geldmittel in eine Sache investieren, welche den meisten Kunden Ihrer Firma nicht genehm ist, dann schmälern Sie doch damit den zukünftigen Gewinn Ihres Unternehmens. Tragen andererseits die Spenden, die Sie ausschütten, zu einem besseren öffentlichen Ansehen Ihres Unternehmens bei, untermauern Sie damit die Loyalität Ihrer Kunden und steuern so Ihr Teil zu einem Gewinn bei.

Selbst die Manager der riskantesten Forschungs- und Entwicklungsprojekte einer Firma müssen einsehen, daß sie mit dem Gewinn ihres Unternehmens einiges zu tun haben. Zwar geben alle Firmen zu, daß es sich bei den in Forschung und Entwicklung investierten Beträgen um Risikokapital handelt, doch investiert ja niemand in eine Sache, von der er sich nicht irgendwelche Entdeckungen oder Informationen erhofft, die dereinst wieder Gewinn bringen könnten. So war das schon immer.

Als Königin Isabella ihre Juwelen verpfändete, um Christoph Kolumbus' Entdeckungsfahrten zu finanzieren, tat sie es sicher nicht nur um des Beweises willen, daß die Erde nicht flach ist; darauf können Sie wetten. Sie hoffte natürlich auf einen gewinnbringenden Handel mit Kathai (China).

Rechenschaft in regelmäßigen Abständen

Nur wenige Manager erleben, daß ihre Tätigkeit unmittelbar zu Gewinn oder Verlust führt. Dennoch entbindet das keinen von uns von der Pflicht, uns nach einer nützlichen und im voraus festgelegten Frist Rechenschaft zu geben.

Im Geschäftsleben sollten Investitionen immer mit einer bestimmten Frist verbunden werden. Wenn eine Investition nach einer vernünftigen Zeitspanne keine Ergebnisse zeitigt, schluckt man den Verlust, versucht aus seinen Fehlern zu lernen und entscheidet sich für ein anderes Vorgehen. Ich kenne viele Manager, die es nicht ausstehen können, wenn ihnen Zeitlimiten auferlegt werden, und damit drücken sie sich einfach vor der Verantwortung, Gewinn zu machen. Dabei übersehen sie aber, daß sie ihren Feinden nicht besser dienen könnten, wenn sie ihnen jenseits der Front die Kanonen putzten und neu lüden.

Es ist auch keineswegs überraschend, daß das Budget jenes Managers, der rasch jede Verbindung mit dem Gewinn der Firma verneint, zuerst beschnitten wird, wenn die Zeiten etwas härter werden. Und ein Manager, der es unterläßt, seine Kollegen und Vorgesetzten gebührend über die Beiträge seiner Abteilung an den Firmengewinn aufzuklären, wird Kürzungen in den empfindlichsten Positionen seines Budgets hinnehmen müssen. Davon zuerst betroffen sind in der Regel die Manager, die für Ausbildung, Entwicklung neuer Produkte, Werbung, Public Relations und Personal zuständig sind, und zwar weil sie nicht genügend auf ihren direkten Beitrag zum Gewinn der Firma aufmerksam machen.

Bis Anfang der siebziger Jahre lag das öffentliche Transportwesen von Atlanta in privater Hand und warf einen hohen Gewinn ab. An der Spitze des Unternehmens stand ein wahrer Meister des Managements, Robert Summerville. Er hatte häufig Besuch von Delegationen aus anderen Städten, die unbedingt erfahren wollten, wie ein solches Unternehmen schuldenfrei, ja sogar mit hohem Gewinn betrieben werden kann.

Eines Tages legte der für die Ausbildung zuständige Vizedirektor Summerville einen Vorschlag für ein neues, ausgeklügeltes Programm vor, das dazu beitragen sollte, die Zahl der Unfälle und der Gerichtsfälle zu senken, welche im Budget jedes öffentlichen Transportunternehmens beträchtlich ins Gewicht fallen. Nachdem dieser Manager seine Pläne erklärt hatte, kam von allen Seiten der Einwand: »Schön und gut, aber wir können nicht so viel Geld in dieses Projekt stecken.«

Summerville gebot Ruhe und sagte: »Meine Herren, Sie sind sich offenbar alle darin einig, daß dieses Ausbildungsprogramm die Zahl der Unfälle um zehn Prozent senken würde. Ich möchte nun von jedem von Ihnen eine Zahl hören. Wenn wir zehn Prozent weniger Unfälle hätten, wieviel könnten wir dann in Ihrem jeweiligen Ressort einsparen? Wieviel sparen wir an Liegezeiten und Reparaturen? Um wieviel können wir die Lebensdauer unserer Fahrzeuge verlängern? Wieviel werden wir an Gerichtskosten, Vergleichen, etc. sparen? Wieviel sparen wir an Versicherungsprämien? Um wieviel wird unser schon beneidenswertes Image in der Öffentlichkeit noch steigen?«

Summerville sah sich ein paar Minuten lang die Zahlen an, die seine Leute ihm vorlegten, und verkündete dann: »Da die Kosten für dieses Ausbildungsprogramm weniger als zehn Prozent unserer Gerichtskosten allein betragen, schlage ich vor, daß wir unser Vertrauen beweisen, indem wir Gelder von diesem Posten auf das Konto Ausbildung übertragen, um so am Ende gewaltige Summen einzusparen. Und falls Sie es vergessen haben sollten: Ein gesparter Dollar ist in Wirklichkeit ein verdienter Dollar.«

Das neu eingeführte Programm war äußerst erfolgreich und fand weit und breit Nachahmung. Dies wäre nicht geschehen, wenn der Vizedirektor für Ausbildung und sein Vorgesetzter nicht klar und deutlich die Zusammenhänge zwischen Ausbildung und Gewinn erkannt hätten.

Wenn Sie den Zusammenhang zwischen Ihren Tätigkeiten und dem Gewinn Ihres Unternehmens nicht sehen, dann befinden Sie sich, wenn Sie mir diese Bemerkung gestatten, im besten Fall in einer heiklen Position. Jeder Manager trägt die Verantwortung dafür, daß dieser so wichtige rote Ball in der Luft bleibt.

Tragen Sie in Tabelle 7 ein, welche direkten Einflüsse Sie und Ihr Team auf den Gewinn Ihres Unternehmens ausüben. Studieren Sie Ihre Eintragungen. Machen Sie Ihren Leuten diese Verbindung zwischen Tätigkeit und Gewinn klar. Sorgen Sie dafür, daß sich jeder im Management dieser Zusammenhänge bewußt wird. Je besser jeder Mitarbeiter in einem Unternehmen den Zusammenhang von Ursache und Wirkung zwischen der täglichen Arbeit und der Zahl unter dem Strich versteht, desto besser und effizienter werden Ihre Leute arbeiten.

Nur durch stete Aufmerksamkeit und durch die Aufklärung Ihrer Leute über ihren Beitrag zum Firmengewinn können Sie sicherstellen, daß der rote Ball in der Luft bleibt und daß Sie die Todsünde Nr. 6 nicht begehen.

Tabelle 7

Gewinnkontrolle

Welchen Tätigkeiten gehen meine Leute Tag für Tag nach?	Wie wirken sich diese Tätigkeiten auf den Gewinn aus?	Wie kann ich das dem Management bewußt machen?

AKTIONSPLAN
um die Todsünde Nr. 6 zu vermeiden, indem Sie nicht vergessen, wie wichtig Gewinn ist

Eines der Mittel, die die Fortune-Gruppe erfolgreich anwendet, ist der Fortune-Aktionsvertrag. Nach jedem Kurs lassen die meisten Firmen ihre »Studenten« einen solchen Vertrag zur Nachkontrolle ausfüllen.

Wir legen Ihnen hier ebenfalls einen Vertrag für dieses Programm vor.

Anweisungen zum Ausfüllen des Aktionsvertrages

1. Notieren Sie unter Punkt 1 den wichtigsten Gedanken, den Sie im Verlauf dieser Sitzung gehabt haben.
2. Notieren Sie unter »Das werde ich daraus machen«:

   A Was Sie tun wollen.
   B Wann Sie es tun wollen.
   C Mit wem Sie es tun wollen.

3. Welchen Vorteil wird es für Sie haben, wenn Sie diesen Gedanken verwirklichen?
4. In unseren Sitzungen geben wir der Gruppe eine einminütige Vorbereitungspause, während der jeder Teilnehmer einen Vertrag mit seinem Nachbarn, mit einem andern Kursteilnehmer, mit der Person, die ihm den Kursbesuch ermöglicht hat, oder mit seinem Manager abschließt. Wir schlagen vor, daß auch Sie sich eine entsprechende Person aussuchen.

   A Sagen Sie dieser Person, was Sie tun wollen.
   B Sagen Sie ihr, wie Sie es tun wollen.
   C Sagen Sie ihr, welche Vorteile für Sie damit verbunden sind.

5. Vergessen Sie auf keinen Fall, das Datum des Vertragsabschlusses und das Datum der Nachkontrolle für die Person, mit der Sie diesen Vertrag abschließen, einzutragen.

Fortune-Aktionsvertrag

Weil ich das Gefühl habe, dies sei der wichtigste Gedanke, der mir beim Lesen dieses Kapitels gekommen ist, verpflichte ich mich hiermit, ihn in den nächsten sieben Tagen umzusetzen.

1. Dies ist der wichtigste Gedanke, den ich diesem Kapitel entnommen habe und den ich persönlich anwenden kann:

____

____

____

2. Das werde ich daraus machen:

____

____

____

3. Was ich gewinne, wenn ich ihn anwende:

____

____

____

4. Jemand, mit dem ich diese Gedanken teilen kann:

____

____

____

Datum des Vertrages: ______________________________

Kontrolldatum: ______________________________

Todsünde Nr. 7

Sich auf Probleme statt auf Ziele konzentrieren

Oscar B. Ferebee jr., Präsident der Goodman Segar and Hogan Residential Sales Corporation, machte mich mit folgender Bemerkung auf diesen Fehler aufmerksam: »Ein Grund für die mangelnde Effizienz so vieler Manager ist der, daß sie sich großartig um Kleinigkeiten kümmern.«

Auf meine Frage hin erzählte er mir, er habe festgestellt, daß viele Manager bis zu 90 Prozent ihrer Zeit für Probleme aufwenden würden, die nur gerade 10 Prozent ihrer Produktivität beeinflußten. In manchen Fällen würden sie sich so in Probleme vertiefen, daß sie darob ihre Ziele vollkommen aus den Augen verlören.

Aus Problemen Angelegenheiten machen

Während meiner Seminare treten oft Manager an mich heran, um mit mir persönlich ein Gespräch anzuknüpfen, und ich bin in der Regel gerne dazu bereit. Dabei habe ich nun festgestellt, daß nur sehr wenige auf ihre Ziele zu sprechen kommen. Sie konzentrieren sich beinahe ausschließlich auf Probleme. Deshalb kann ich Oscars Worten ohne weiteres Glauben schenken. Aber der gute

Manager bedarf einiger Werkzeuge und Instrumente, damit er diesen Fehler vermeiden kann.

Vor ein paar Jahren hatte ich beruflich mit einer Firma zu tun, die genau diesen Fehler bei ihrem Management beobachtet hatte. Daraufhin wurde der Versuch unternommen, einfach das Wort »Problem« aus dem Wortschatz ihrer Manager zu streichen. Von nun an sprachen die Herren nicht mehr von »Problemen«, sondern von »Angelegenheiten«. Es übte auf mich schon einen ganz besonderen Reiz aus, als ich einen dieser Manager in einer Sitzung sagen hörte: »Ich stehe da vor einer Angelegenheit, die ich nur schwer lösen kann.«

Diese Leute mögen ihren Wortschatz geändert haben, aber sie verfügten nicht über die notwendigen Werkzeuge, diesen fatalen Fehler aus der Welt zu schaffen. Einer ihrer Manager machte mir die Sinnlosigkeit solcher Wortspielereien bewußt, als er mir seine Einstellung zur neuen Marketing-Strategie seiner Firma erläuterte: »Steve, wir sind von unüberwindbaren Angelegenheiten umgeben.«

Kreativität im Geschäftsleben

Wenn wir uns nicht auf unsere Probleme konzentrieren und unsere Ziele nicht aus den Augen verlieren, sind wir – wie man so sagt – »kreativ«. Und diese Kreativität verlieren wir, wenn wir nur noch über unsere Probleme nachgrübeln und dabei unsere Wunschziele vergessen.

Meiner Meinung nach definieren wir »Kreativität« am besten mit der Fähigkeit, die Kräfte zu verstehen, die auf uns einwirken, und sie so einsetzen zu können, daß sie uns helfen, unser Ziel zu erreichen. Oder einfacher ausgedrückt: die Fähigkeit, unsere

Umgebung oder unsere Umstände zu verstehen und sie zu unserem Vorteil zu nutzen. Genau die Situationen und Umstände, die zuerst den Weg zu unserem Erfolg verbarrikadieren, lassen sich oft umgekehrt, das heißt zu unseren Gunsten verwenden.

Zunächst dürfen wir unsere Energie nicht mehr länger verschleudern, indem wir uns in unsere Probleme vertiefen und uns gegen die Umstände auflehnen. Nur zu viele Manager handeln wie absolute Nichtschwimmer. Was tut nämlich ein Nichtschwimmer, wenn Sie ihn in einem Boot einen guten Kilometer weit auf den See hinausrudern und ihn dann ins Wasser werfen? Natürlich wird er versuchen zu schwimmen, doch wird er in seiner Panik anfangen, gegen das Wasser zu kämpfen. Aber je mehr er um sich schlägt und gegen das Wasser ankämpft, desto rascher ist seine Energie verbraucht, und er ertrinkt. Bringen Sie einen Superschwimmer in die gleiche Lage, wird er etwas ganz anderes tun. Er wird sich zunächst entspannen und Wasser treten oder sich treiben lassen. Beim Wassertreten nutzt der gute Schwimmer seine Umgebung und die Umstände aus, um sich tragen zu lassen. Dann wird er am Ufer ein Ziel anvisieren, auf das er in vernünftigem Tempo zuhält. Während der ganzen Zeit nutzt er aber immer das Wasser (seine Umgebung) als Mittel, um das ersehnte Ziel zu erreichen. Wenn immer wir unser Ziel aufgeben, beginnen wir zu ertrinken, weil wir unsere Kreativität verloren haben.

Bitten Sie ein Dutzend Manager, sie sollten ihre Lieblingsgeschichte zum Thema Erfolg erzählen, und sie werden fast immer eine Story zu hören bekommen, in der ein Hindernis oder eine feindliche Umgebung dazu benützt worden ist, ein Ziel zu erreichen. Sie erzählen von Volkswagen, dem kleinen Werk, das sich mit seinem belächelten Käfer zu einem Industriegiganten gemausert hat, indem einfach ein Riesenwirbel um das so einfache, aber liebenswerte, so simple, aber zuverlässige Auto gemacht wurde. Andere erzählen von verschiedensten Produkten, die die Konkurrenz trotz ihrer weit höheren Preise aus dem Feld schlugen, weil sie den vermeintlichen Nachteil ausnützten und aus dem teuren Produkt einfach ein gefragtes Statussymbol machten. Viele erinnern sich an verschiedene Firmen, die darauf stolz waren, in ihrer Branche nicht die größten zu sein, die ihren »Mangel« an Größe aber dafür durch eine Vielzahl von Vorzügen mehr als wettmachten, zum Beispiel durch persönlicheren Service, mehr Qualität anstelle von Quantität, Status und vermehrte Anstrengungen.

Durch unser Schulsystem ist es uns in Fleisch und Blut übergegangen, jede Situation, die unsere Pläne gefährden könnte, als Bedrohung aufzufassen. Solange wir die Schulbank drückten, bläute man uns zumeist ein, wir müßten die »richtige Antwort« haben; von daher rührt unsere ausgeprägte Eine-Antwort-Mentalität. Sie mag in der Mathematik richtig sein, im Geschäftsleben sind die Dinge variabler. Es gibt stets mehr als einen Weg, der zum Ziel führt.

Wenn wir uns ein Ziel gesteckt und einen Plan ausgearbeitet haben, jagen uns mögliche Störfaktoren Angst ein, weil wir das Gefühl haben, die richtige Antwort (unser Plan) werde zerstört. Der französische Philosoph Emile Cartier formulierte die Gefahr unserer Eine-Antwort-Mentalität wie folgt: »Nichts ist so gefährlich wie eine Idee, wenn man nur eine hat.«

Wenn sie herausgefordert werden, denken kreative Manager anders als Manager, die den Fehler machen, sich auf ihre Probleme zu konzentrieren. Wenn ein Hindernis den Weg zum Erfolg versperrt, stellt sich der negativ denkende Manager die Frage »Was?«, »Was wird mit mir geschehen, wenn ich versage?«, »Was ist, wenn wir unseren Umsatz nicht erreichen?«

Der kreative Manager hingegen fragt sich »Wie?«, »Wie kann ich diese Situation oder diesen Umstand zu meinem Vorteil nutzen?« Allein die Frage nach dem »Wie« geht automatisch davon aus, daß der Erfolg sich einstellen und daß das Ziel erreicht werden wird.

Die Notwendigkeit, kreativ zu sein, besteht in jedem Geschäftszweig. Managen ist grundsätzlich eine Frage des *Denkens* und nicht des *Handelns*. Jedes Unternehmen steht und fällt mit seinen Ideen und seinem kreativen Denken. Der wirklich erfolgreiche Manager lernt nicht nur, seine Umgebung als Mittel zum Erreichen seiner Ziele anzusehen, sondern er bringt auch seine Leute dazu, diese kreative Perspektive mit ihm zu teilen. Verwandeln Sie mit Hilfe von Tabelle 8 Ihre Probleme in Ziele, und denken Sie sich mehrere kreative Wege aus, um diese zu erreichen.

Ray Moss, ein Geschäftsmann aus Atlanta, trotzte der schwersten Krise seines Lebens und schaffte eine sehr reale Gefahr für die nackte Existenz seiner Firma aus der Welt, indem er diese Art von Kreativität ins Feld führte.

Mitte der siebziger Jahre gerieten einige der größten Finanzinstitute der USA in eine schwere Krise, die dadurch ausgelöst worden war, daß Investitionen in vielen Immobilien-Investment-Trusts den anfänglichen Erwartungen nicht gerecht wurden. Zu diesen Institutionen gehörte auch eine der größten Banken im Süden der USA. Moss schuldete dieser Bank mehrere Millionen für Grundstücksanleihen. Die Bank stand von innen und außen unter großem Druck und sah sich deshalb außerstande, ihre Verpflichtungen gegenüber vielen ihrer Kunden einzuhalten. Nur allzuoft geschah es damals, daß Leute, die in Immobiliengeschäfte mit der einen oder anderen Bank verwickelt waren, großzügige Kredite erhielten und nur einen Monat später hören mußten:

»Wir haben es uns anders überlegt. Wir treiben unsere Darlehen wieder ein.«

Moss war in der gleichen Lage. Er wurde zusammen mit seinen Partnern in die Bank gebeten, um dort mit zwei hohen Bankangestellten die Lage zu besprechen. Nennen wir die zwei mit der Lösung dieser besonderen Probleme beauftragten Angestellten Mr. A. und Mr. B. Moss erzählt, die Besprechung sei durch Mr. A. sehr zielstrebig und geschäftstüchtig eröffnet worden mit den Worten: »Wir müssen unser Geld wieder haben.«

Als Moss antwortete, er und seine Partner könnten diese Anleihe im Augenblick nicht zurückerstatten, wurde Mr. B. sehr ausfällig, schlug auf den Tisch und stieß Drohungen aus; kurz, die Besprechung nahm einen äußerst unangenehmen Verlauf. Nach längerer Zeit bekam Mr. A. schließlich die Zügel wieder in die Hand und sagte: »Meine Herren, bitte seien Sie morgen um neun Uhr wieder hier, und unterbreiten Sie uns Vorschläge, wie Sie das Geld sofort zurückzahlen können.«

Man kann sich leicht vorstellen, daß Moss und seine Partner die Bank nicht nur aufgeregt, sondern zutiefst niedergeschlagen verließen. Als Ray Moss am Abend nach Hause kam, empfing ihn seine kleine Tochter Alyssa stürmisch: »Komm schnell, Dad. Hör mal! Hör die Geschichte von Br'er Fox and Br'er Rabbit.«

Moss konnte dem Drängen seiner kleinen Tochter nicht widerstehen, schob seine Probleme beiseite und hörte sich zusammen mit Alyssa am Tonband die berühmte Kindergeschichte von Joel Chandler Harris an. Die Werke dieses beliebten amerikanischen Schriftstellers bildeten die Grundlage zum Film *The Song of the South.* Es sind vorwiegend Phantasiegeschichten über Tiere und ihre Abenteuer. In dieser Geschichte macht sich der Fuchs auf, um sich mit Hilfe einer Teerpuppe einen saftigen Hasenbraten zum

Tabelle 8

Probleme in Ziele verwandeln

Verwandeln Sie mit der untenstehenden Tabelle Ihre *Was* in *Wie*, indem Sie Ihre Probleme nochmals durchgehen und Ihre wahren Ziele klar formulieren.

Bereiche, die ich als Probleme empfand	Meine wirklichen Ziele	Wie die Umgebung mir helfen kann	Wie ich meine Ziele erreiche

Abendessen zu verschaffen. Er wollte es so anstellen, daß der Hase ihm auf den Leim – oder besser: auf den Teer – ging, damit er dann leichtes Spiel mit ihm habe. Während Moss sich diese Geschichte anhörte, kam ihm plötzlich ein kreativer Einfall, und er begann seine Umgebung zu verstehen. Als er sich fragte, wie die Umgebung (das Problem der Bank) ihm helfen könnte, seine Firma zu retten, erkannte er plötzlich einen Hoffnungsschimmer am Horizont, und er überspielte das Märchen von der Teerpuppe auf seinen kleinen Kassettenrecorder.

Die Besprechung am nächsten Morgen begann damit, daß Mr. B. Moss und seine Partner fragte: »Haben Sie nun einen Vorschlag, wie Sie das Geld sofort zurückzahlen können?«

Moss antwortete: »Nein, wir haben keinen, weil es uns unmöglich ist.«

Wiederum wurde Mr. B. sehr ausfällig, aber jetzt unterbrach Moss den Tobenden und sagte: »Meine Herren, ich möchte, daß Sie sich etwas anhören.« Er zog seinen Recorder aus der Tasche und spielte den Anwesenden das Märchen vor. Am Ende war die Spannung gelöst, und alle lachten. Moss sah den beiden Bankangestellten direkt in die Augen und sagte: »Meine Herren, die Bank ist ebenfalls an der Teerpuppe hängengeblieben.«

Nach einem Moment absoluter Ruhe sagte Mr. A.: »Mr. Moss, ich glaube, Sie haben hundertprozentig recht. Vielleicht wäre es zu jedermanns Vorteil, mit Ihnen zusammenzuarbeiten.«

Moss' Geschichte wirkte nur deshalb, weil er dank ihr aus seiner Umgebung Kapital schlagen konnte. Mit ihrer Hilfe konnte er den Bankleuten vor Augen führen, daß eine einzige schlechte Immobilieninvestition die Lage der Bank nur noch schlechter und nicht besser machen würde. Und die Moral von der Geschichte war, daß die Bank von da an mit Moss und seinen Partnern zusammenarbeitete. Und innerhalb von drei Jahren hatte die Bank ihr ganzes Geld samt Zins und Zinseszinsen wieder zurück.

Menschliche Probleme schaffen

Was überlegen Sie sich, wenn einer Ihrer Angestellten zuwenig produktiv ist? Welche Fragen stellen Sie sich, wenn ein neuer Angestellter, der Ihrer Überzeugung nach alles und noch mehr hat, was für seine Arbeit erforderlich ist, Ihren Erwartungen nicht entspricht? Suchen Sie nach einem greifbaren Grund für seine ungenügende Leistung, oder fragen Sie sich: »Was stimmt denn nicht mit ihm?«

Wenn Sie das letztere tun, werden Sie bei diesem Angestellten mit Sicherheit vieles finden, was nicht stimmt. Wenn wir irgendeinen unserer Mitarbeiter unter dem Mikroskop auf Fehler untersuchen, werden wir massenhaft Fehler finden. Dadurch wird unser Vertrauen in ihn und sein Leistungsvermögen automatisch zerstört. Und wenn wir nicht hervorragende Schauspieler sind (und das ist kein Manager), verraten wir ihm unseren Mangel an Vertrauen auf tausendundeine Art. Eine solche Hexenjagd kann Ihr ganzes Team umbringen.

Manager sollten nie Angestellte unter sich haben, deren Erfolg sie überraschen würde. Wir sollten uns nur von Mißerfolgen überraschen lassen. Wenn Sie einmal zur Überzeugung gelangt sind, daß ein Angestellter ein Versager ist, sollten Sie sich von ihm trennen oder ihn auf einen anderen Posten versetzen. Lassen Sie ihn nicht dort, wo er einen langsamen Tod stirbt und erst noch schmerzhaft miterleben muß, wie Sie ihn unterminieren.

Diese Methode der Fehlersuche kann ebenso wirkungsvoll zwischenmenschliche Beziehungen zerstören und menschliche Probleme außerhalb des Arbeitsplatzes schaffen. Wenn Sie einmal einen wirklich miserablen Tag oder Abend erleben wollen, probieren Sie diese Denkweise einfach mal an Ihrem Partner oder an einem Freund aus. Machen Sie doch gleich die Probe aufs Exempel: Legen Sie dieses Buch beiseite, und beginnen Sie über den Menschen nachzudenken, den Sie lieben. Gehen Sie jeder von Vollkommenheit weit entfernten Eigenschaft, auf die Sie stoßen, intensiv auf den Grund, bevor Sie sich der nächsten zuwenden. Wenn Sie diese einfache Übung machen, werden Sie sich noch lange an diesen Tag oder Abend erinnern, das kann ich Ihnen versichern, denn so elend war noch nie ein Tag oder Abend zuvor. Und wenn sich Ihr Partner dann auch noch auf die Suche nach Fehlern begibt, wird es wohl das beste sein, einer von Ihnen packt die Koffer, denn es wird nirgends ein Haus geben, das für Sie beide groß genug wäre.

Die Suche nach der Ursache

Anstatt sich auf Probleme zu konzentrieren, indem Sie sich selber fragen, was mit einem Angestellten nicht stimmt, sollten Sie eine andere Möglichkeit in Erwägung ziehen. Fragen Sie sich, *welche Umstände die Leistung dieses Angestellten wohl beeinträchtigten.* Die wahre Ursache mag für Sie ein Schock sein, wenn Sie sehen, wie wenig sie mit einem persönlichen Fehler zu tun hat. Vielleicht ist die Schuld bei einer Krankheit zu suchen, oder ein neuer Konkurrent erobert den Markt, indem er die Preise tüchtig unterbietet.

Dies erinnert mich an eine Versicherungsgesellschaft, die zwei neue Versicherungsbereiche erschlossen hatte. Mehrere Jahre lang bot die Gesellschaft offensichtlich äußerst attraktive Policen auf beiden Gebieten an. Doch dann geschah es: Eine andere Gesellschaft führte eine Kombination der beiden Policen ein, weil die meisten Kunden, die sich für die eine interessierten, auch die andere brauchten. Der Verkauf dieser kombinierten Police lief sehr gut an. Das Management der ersten Gesellschaft tobte und beschuldigte seine Agenten, sie seien zuwenig aktiv. Doch der Umsatz fiel weiter. Schließlich erholte sich das Management von seinen kräfteraubenden Ausbrüchen so weit, daß es sich den Vorschlag eines Agenten anhörte, der das sinkende Schiff noch nicht verlassen hatte. Er meinte, das Management habe ja vollkommen recht, wenn es behaupte, die Kombination ihrer zwei Policen biete einen umfassenderen Versicherungsschutz als die doch auch umfassende Einzelpolice der Konkurrenz; weshalb also nicht die beiden eigenen Policen ebenfalls kombinieren, die durch die vereinfachte Administration eingesparten Kosten den Versicherungsnehmern zugute kommen lassen und weiterhin den allerbesten Schutz für weniger Geld anbieten?

Ich schäme mich für die Gesellschaft zuzugeben, daß sich das Management diesen so einfachen, kreativen Vorschlag beinahe ein Jahr lang überlegen mußte, bevor die zwei Policen kombiniert wurden und der Aufstieg in einem Versicherungsgebiet wieder beginnen konnte, das diese Gesellschaft einst erschlossen hatte.

Welches ist Ihr Ziel als Manager? Wenn Sie Ihren Blick stets auf Ihr Ziel ausrichten, nicht auf die Fallen und Probleme zwischen Ihnen und ihm, dann werden Sie die Todsünde Nr. 7 vermeiden.

AKTIONSPLAN
um die Todsünde Nr. 7 zu vermeiden, indem Sie sich auf Ziele, nicht auf Probleme konzentrieren

Eines der Mittel, die die Fortune-Gruppe erfolgreich anwendet, ist der Fortune-Aktionsvertrag. Nach jedem Kurs lassen die meisten Firmen ihre »Studenten« einen solchen Vertrag zur Nachkontrolle ausfüllen.

Wir legen Ihnen hier ebenfalls einen Vertrag für dieses Programm vor.

Anweisungen zum Ausfüllen des Aktionsvertrages

1. Notieren Sie unter Punkt 1 den wichtigsten Gedanken, den Sie im Verlauf dieser Sitzung gehabt haben.

2. Notieren Sie unter »Das werde ich daraus machen«:

   A Was Sie tun wollen.
   B Wann Sie es tun wollen.
   C Mit wem Sie es tun wollen.

3. Welchen Vorteil wird es für Sie haben, wenn Sie diesen Gedanken verwirklichen?

4. In unseren Sitzungen geben wir der Gruppe eine einminütige Vorbereitungspause, während der jeder Teilnehmer einen Vertrag mit seinem Nachbarn, mit einem andern Kursteilnehmer, mit der Person, die ihm den Kursbesuch ermöglicht hat, oder mit seinem Manager abschließt. Wir schlagen vor, daß auch Sie sich eine entsprechende Person aussuchen.

   A Sagen Sie dieser Person, was Sie tun wollen.
   B Sagen Sie ihr, wie Sie es tun wollen.
   C Sagen Sie ihr, welche Vorteile für Sie damit verbunden sind.

5. Vergessen Sie auf keinen Fall, das Datum des Vertragsabschlusses und das Datum der Nachkontrolle für die Person, mit der Sie diesen Vertrag abschließen, einzutragen.

Fortune-Aktionsvertrag

Weil ich das Gefühl habe, dies sei der wichtigste Gedanke, der mir beim Lesen dieses Kapitels gekommen ist, verpflichte ich mich hiermit, ihn in den nächsten sieben Tagen umzusetzen.

1. Dies ist der wichtigste Gedanke, den ich diesem Kapitel entnommen habe und den ich persönlich anwenden kann:

   ____

   ____

   ____

2. Das werde ich daraus machen:

   ____

   ____

   ____

3. Was ich gewinne, wenn ich ihn anwende:

   ____

   ____

   ____

4. Jemand, mit dem ich diese Gedanken teilen kann:

   ____

   ____

   ____

Datum des Vertrages: ____________________

Kontrolldatum: ____________________

Todsünde Nr. 8

Kumpel sein, nicht Chef

Häufig wollen Manager nach der Arbeitszeit Kumpel ihrer Angestellten sein und sie am folgenden Morgen bei der Arbeit wieder als Untergebene behandeln – nur um dann feststellen zu müssen, daß ihre Angestellten dies nicht zulassen. Da gibt es nur ein Entweder-Oder: Sie müssen Kumpel *oder* Chef sein. Einen goldenen Mittelweg gibt es in einer solchen Situation nicht.

Die meisten Manager sind im Laufe der Zeit mit Ratschlägen überschüttet worden, wie sie sich in Gesellschaft ihrer Angestellten verhalten sollen. Ich glaube, die meisten dieser Ratschläge sind Ausdruck persönlicher Überzeugungen oder Moralvorstellungen jener, die sie erteilen.

Vor ein paar Jahren zum Beispiel nahm ich an einem ganztägigen Management-Seminar teil, wo das Morgen- und das Nachmittagsprogramm von zwei verschiedenen Kursleitern bestritten wurde. In beiden Kurshälften kam auch das Problem des Verhaltens von Managern gegenüber ihren Angestellten zur Sprache. Der Kursleiter am Morgen empfahl den Teilnehmern, die durchwegs erfahrene Manager waren: »Trinken Sie nie, aber auch unter gar keinen Umständen, mit Ihren Untergebenen Alkohol.« Ich dachte während des Mittagessens über den Ratschlag dieses Mannes nach und gelangte darob zur Vermutung, er habe wohl noch nie in seinem Leben Alkohol getrunken.

Der Kursleiter am Nachmittag empfahl auf die gleiche Frage hin: »Gehen Sie mit Ihren Leuten auf ein Glas Bier oder Wein, wenn immer Sie die Möglichkeit dazu haben. So können Sie sich alle ein bißchen entspannen.« Automatisch nahm ich an, dieser Mann sei Alkoholiker. Keiner der beiden Ratschläge empfahl wirklich eine Verhaltensweise, die vielen Situationen gerecht werden könnte.

Ich möchte Ihnen für die Beziehungen zwischen Ihnen als Manager und Ihren Leuten eine etwas breitere Richtlinie mitgeben: *Tun Sie nie etwas mit einem Angestellten, was Sie nicht auch mit dem besten Kunden Ihrer Firma machen würden.* Wenn Sie grundsätzlich mit Ihrem besten Kunden keinen Alkohol trinken, glauben Sie nicht, es mit Ihren Angestellten tun zu müssen. Was auch immer Ihren Kunden verletzen könnte, könnte auch die Leute verletzen, die für Sie arbeiten, und es ist doch Ihre Pflicht, diese Leute nach dem gleichen Wertmaßstab zu behandeln wie diejenigen, die Ihr Geschäft möglich machen, indem sie für Ihre Ware oder Dienstleistung bezahlen.

Was Alkohol angeht, verlangen viele Firmen heute von ihren Angestellten absolute Enthaltsamkeit. Für andere kann diese Frage aber zu einem Problem werden. Ich weiß, daß die Leute in der »wirklichen Welt« Alkohol trinken, und ich fühle mich da in keiner Weise zum Apostel berufen. Dennoch scheint mir, es liege im Interesse eines Managers, in dieser Beziehung vorsichtig zu sein. Trinken kann Ihrem Geschäft wirklich schaden. Betrunkene Manager sind schlechte Manager, und betrunkene Vertreter sind schlechte Vertreter.

Wenn wir im Umgang mit unsern Angestellten nicht umsichtig

sind, dann nur deshalb, weil wir sie nicht respektieren. Und wenn wir sie nicht respektieren, werden und können auch sie uns bestimmt nicht respektieren. Vergessen Sie nie: Wenn ein Manager in Gesellschaft von Angestellten ist, dann ist das nie rein gesellschaftlich. Der Firmenausflug oder die Weihnachtsparty mögen für den Angestellten gesellschaftliche Anlässe sein, für Sie muß es aber Geschäft sein und bleiben. Das bedeutet nun nicht, daß Sie sich nicht auch entspannen und amüsieren sollen – solange Sie nur daran denken, daß es um geschäftliche Beziehungen geht, wenn Sie mit den Leuten zusammen sind, die Ihnen unterstellt sind.

Management-Probleme

Manager ehemaliger Arbeitskollegen sein

Meiner Erfahrung nach haben jene Manager die größten Probleme in Sachen Kumpel-oder-Chef-Sein, die aus den eigenen Reihen in eine Position aufgestiegen sind, in der sie Vorgesetzte von Leuten sind, denen sie vorher gleichgestellt waren. Die Kombination einer Beziehung Manager-Angestellter mit einer alten Freundschaft wird oft zu einer sehr hohen und kaum zu überwindenden Hürde.

Höhere Angestellte im Management können vielleicht das Risiko mindern, daß der neue Manager in eine derartige Doppelrolle als Kumpel und Chef hineinrutscht, indem sie sich dieser Gefahr bewußt bleiben und dem Aufsteiger Aufgaben außerhalb seines vorherigen Bereiches zuweisen. Da das aber nicht immer möglich ist, muß der neue Manager oft selbst einen Ausweg finden, und dann geschieht nur allzuoft folgendes: Er drückt sich mit einer Reihe von mehr als durchsichtigen Entschuldigungen um alle gesellschaftlichen Verpflichtungen. Seine ehemaligen Kollegen fühlen sich dadurch verletzt, gelangen vielleicht sogar zur Überzeugung, der neue Manager sei absolut selbstherrlich, und zetteln am Arbeitsort einen kalten Krieg an, unter dem letztlich alle zu leiden haben.

Ein Mann, der dieses Problem mit großem Geschick anpackte, setzte sich mit jedem seiner früheren Kollegen einzeln zusammen und sagte zu ihnen: »Erinnern Sie sich an unsere Gespräche darüber, was ein guter Manager tun sollte und was nicht? Nun, als ich hörte, daß ich für diesen Posten vorgesehen sei, schrieb ich mir alle Punkte auf, an die ich mich erinnerte, und diese Liste liegt nun auf meinem Schreibtisch. Ich habe mir vorgenommen, sie mindestens einmal in der Woche durchzulesen. Unsere Beziehung hat sich nun verändert, und ich hoffe, daß dies zu unser beider Vorteil sein wird. Als Ihr Manager will ich Ihnen die Unterstützung geben, die Sie brauchen. Dafür möchte ich, daß Sie für mich die Leistung erbringen, auf die ich angewiesen bin. Keiner von uns hat etwas für Manager übrig, die beim Mittagessen Kumpel und für den Rest des Tages Sklaventreiber sein wollen. Auch ich will das nicht. Ich will, daß wir eine möglichst gute *berufliche* Beziehung unterhalten, und wir werden beide unser Teil dazu beitragen müssen, damit das klappt. Einverstanden?«

Damit streckte er seine Hand aus, und seine ehemaligen Kollegen schlugen ausnahmslos ein, erleichtert und dankbar für das faire Einvernehmen, das der neue Manager ihnen vorschlug.

Aber was geschieht, wenn ein Manager versucht, während und nach der Arbeit Kumpel zu sein? Die Antwort ist einfach: Er kann nicht managen. Es mögen vereinzelte Varianten von gemeinsamem Management existieren, in den meisten Fällen aber ist das

Management so gut wie nicht existent. Schon bald wird der eine oder andere Angestellte bemerken, daß ihr nicht managender Kollege zwar das Gehalt eines Managers bezieht, seine Aufgaben aber nicht erledigt. Und damit ist das Ende vorgegeben.

Eine Familie, kein Unternehmen sein

Einige kleine Unternehmen können unter Umständen ein paar Jahre lang ein solches Nicht-Management auf Kumpelbasis praktizieren. Doch dann wächst das Unternehmen ein wenig, es kommen neue Angestellte, die aber nicht wissen, an wen sie sich wenden können, wenn sie klare Anweisungen brauchen. Jeder sagt ihnen, was zu tun sei. Und wenn die Person, die eigentlich schon immer die Aufgaben des Managers hätte erfüllen sollen, endlich ihre Führungsposition einnehmen will, rebellieren alle andern, weil sie sich degradiert vorkommen.

Zu viele kleine Firmen versuchen, einen Familien-, nicht einen Geschäftsbetrieb aufzuziehen. Aber sobald sie sich vergrößern, fehlt jegliche Grundlage für eine organisierte Expansion. In diesen Fällen müssen alle Beteiligten, von den Kapitalgebern bis zum letzten Angestellten auf der untersten Sprosse der Karriereleiter, eine Reihe von schmerzlichen, unnötigen und kostspieligen Reorganisationsmaßnahmen in Kauf nehmen.

Ein Herz und eine Seele

Einige Manager machen einen noch größeren Fehler und können der Versuchung nicht widerstehen, gleichzeitig Liebhaber und Chef zu sein.

Das ist falsch. Es ist unethisch. Es ist ein Mißbrauch der Macht.

Wenn keiner dieser erhabenen Gründe Sie interessiert, tut es vielleicht die folgende Geschichte zum Thema Selbsterhaltung.

Vor nicht allzu langer Zeit saß ich da und hörte zu, wie ein verheirateter Manager mir vorschwärmte, wie herrlich es sei, eine Sekretärin zu haben, mit der man ein Herz und eine Seele sei. Nur Gemeinsamkeiten auf der ganzen Linie! Aber Liebe ist blind (und Lust genauso), und deshalb bemerkte dieser Manager die Reaktionen seiner andern Angestellten überhaupt nicht. Doch schon bald stellte einer seiner Vorgesetzten die negativen Auswirkungen dieser Liaison fest, und der Manager verlor seine Stelle ebenso rasch, wie ihn zuvor Amors Pfeil getroffen hatte.

Selbst eine echte Romanze zwischen zwei ungebundenen Menschen ist am Arbeitsplatz alles andere als ideal. Wenn sich ein Manager in eine Angestellte verliebt, soll das nicht heißen, daß diese Liebe nicht aufblühen darf, aber sie sollte eindeutig in einem anderen Gewächshaus gedeihen. Der Manager sollte seine Angestellte möglichst schnell versetzen, wenn möglich noch vor dem ersten Rendezvous – ja sogar bevor die ersten verstohlenen Blicke ausgetauscht werden. Er sollte sie in eine andere Abteilung versetzen, noch besser aber ihr eine Stelle in einer andern, befreundeten Firma verschaffen.

Warum? Weil ein Manager darüber entscheidet, wie seine Angestellten entschädigt werden. Und es dürfen niemals Zweifel darüber aufkommen, daß er dies nicht gerecht und unparteiisch tun kann.

Ihre Verantwortung nicht einschränken

Egal, wie unabhängig wir sind, wir alle wollen Freunde und brauchen ein paar besonders enge Freunde. Manchmal können wir der Versuchung nur sehr schwer widerstehen, Freundschaft mit Menschen zu schließen, die uns untergeben sind, verbringen wir doch weitaus die meisten Stunden unseres Taglebens bei der Arbeit. Und dennoch müssen wir es vermeiden, da enge Freundschaften am Arbeitsplatz sehr oft Probleme schaffen.

Ein Manager sollte nie in die Rolle eines Vaters, Pfarrers, Kollegen oder Psychiaters schlüpfen. Diese Rollen sind anderen vorbehalten. Die Aufgabe des Managers ist es, im Leben eines Angestellten der Manager zu sein – nicht mehr.

Viele Manager haben kaum mehr Zeit für das Management, nachdem sie alle sich selber aufgebürdeten Aufgaben bewältigt haben. Kein Manager sollte sich darauf einlassen, eine Agentur für zwischenmenschliche Beziehungen zu betreiben. Im Pflichtenheft des Managers steht nichts von Sozialarbeit, nur damit sich jedermann geliebt, geschützt und bewundert vorkommt.

Ein Manager sollte sich nie mehr um den Erfolg oder Mißerfolg seiner Leute kümmern, als diese es selbst tun; die Verantwortung für den Erfolg oder Mißerfolg der Leute liegt bei ihnen selbst, nicht beim Manager. Merken Sie sich folgendes: *Sie können nicht* für *Menschen verantwortlich sein; Sie müssen aber zwangsläufig den Menschen* gegenüber *verantwortlich sein.*

Wenn wir als Manager *für* Leute verantwortlich werden, übertreten wir die Grenzen unserer Managertätigkeit und adoptieren sozusagen diese Leute. Dies war für mich vielleicht die schwierigste aller Lektionen, die ich lernen mußte, und es bedurfte dazu einer Erfahrung, die ich vor einigen Jahren machte.

Unsere Firma stellte einen Vertreter ein, der mir direkt unterstand. Lange Zeit war er recht erfolgreich, doch plötzlich ging sein Umsatz sprunghaft zurück. Er schaffte nicht einmal mehr das firmenintern festgelegte Minimum. Bei einer Besprechung machte ich ihm klar, daß er unbedingt produktiver arbeiten müsse. Um ihm zu helfen, ließ ich ihn in Übereinstimmung mit unserer Firmenpolitik am firmeneigenen Schulungs- und Weiterbildungskurs teilnehmen. Der Erfolg ließ weiterhin auf sich warten. Die Firmenpolitik war klar: Der Mann mußte entlassen werden, und ich war dafür verantwortlich. Aber ich brachte es nicht fertig. Er hatte sieben Kinder. Aufgrund seines Alters und der Wirtschaftslage war mir klar, daß er bei jeder andern Firma wohl weniger verdienen würde. Wenn ich an seine Entlassung dachte, dachte ich an die Kinder und schob sie wieder auf.

Schließlich mußte ich in seinem Gebiet ein Seminar halten. In der ersten Pause kam er zu mir und sagte: »Steve, ich muß Ihnen etwas erzählen! Kann ich Sie nach dem Seminar sprechen?«

Mann, war ich aufgeregt! Wissen Sie, was ich dachte, was ich glaubte, daß er für mich täte? Kündigen! Meine Arbeit für mich erledigen.

Nach dem Seminar gingen wir gemeinsam zum Mittagessen, und ich konnte es kaum erwarten, seine Kündigung entgegenzunehmen. Solange wir aßen, vermied er das Thema tunlichst. Bei der dritten Tasse Kaffee war ich der Verzweiflung dann so nahe, daß ich mich nicht länger zurückhalten konnte: »Sie sagten doch, Sie wollten mir etwas erzählen. Nun?«

Zögernd antwortete er: »Steve, das ist so schwierig.«

In der Hoffnung auf seine Kündigung sagte ich: »Aber Sie können mir doch alles sagen, Mann.«

Und nun endlich rückte er verlegen damit heraus: »Steve, ich bin verliebt. Ich verlasse meine Frau und die Kinder!«

In diesem Augenblick wurde mir klar, daß ich mir mehr Sorgen um die sieben Kinder gemacht hatte als ihr eigener Vater. Sie waren *seine* Verantwortung, nicht meine. Bei diesem Mann hatte ich arg versagt. Ich hatte meine Firma im Stich gelassen, ich hatte aber auch seine Frau und seine Kinder im Stich gelassen mit meinem Versuch, *für* ihn verantwortlich zu sein. Ich hatte für einen fünfundfünfzigjährigen Mann den Vater gespielt. Ich hatte es abgelehnt, ihn als Erwachsenen zu behandeln. Wäre ich *ihm gegenüber* verantwortlich gewesen statt *für* ihn, hätte ich ihn genügend respektiert, um ihn als Erwachsenen zu behandeln, hätte ich meine Pflicht getan, als er seine bei unserer Firma nicht erfüllte, hätte ich ihn entlassen und ihm die Verantwortung für die Unterstützung seiner sieben Kinder überlassen, hätte er keine Zeit gehabt, sich zu verlieben.

Eltern, die ihre Kinder effizient managen, wenden das Verfahren der »strengen Liebe« an. Manager im Geschäftsleben nennen es einfach »gerechtes Management«. Wenn wir unsere Angestellten adoptieren, ist ein gerechtes Management praktisch unmöglich. Eine Adoption veranlaßt uns in vielen Fällen, die Leute im Stich zu lassen, indem wir ihnen den Weg ebnen oder uns vor sie stellen. In andern Fällen entscheiden wir, sie zum Erfolg zu zwingen, ob sie nun wollen oder nicht. Es ist unmöglich, Wachstum zu erzwingen. Solche Versuche, die Verantwortung für Leute zu übernehmen, bildet die häufigste einzelne Ursache für die Verschwendung von Zeit und Geld und für eine Frustration des Managements. Ich kenne Manager, die nicht schlafen konnten, um zwei Uhr morgens aufwachten und in ihrem Wohnzimmer auf und ab gingen, weil sie sich um den Erfolg oder Mißerfolg eines ihrer Angestellten Sorgen machten. Der betreffende Angestellte jedoch lag meist friedlich im Bett und schlief. Sie können nicht denen helfen, die sich nicht selbst helfen. Niemand, der seine Stelle wert ist, will adoptiert werden. Aber wertvolle Leute trachten danach, als reife Erwachsene behandelt zu werden. Management ist eine echte Realitätstherapie. Als Manager erlauben Sie den Leuten, ihren Beitrag als Erwachsene zu leisten, oder Sie erlauben ihnen, wegzugehen.

Schwere Entscheidungen

Es hat noch nie jemand gesagt, Manager zu sein sei leicht. Wenn es so wäre, könnte jeder Manager sein und die Manager würden nicht Gehälter beziehen, die über denen der Angestellten liegen. Managen kann oft schmerzlich sein, und auch Sie werden leiden, währenddem Sie die Härte entwickeln, die Ihre Arbeit verlangt. Manager müssen sehr oft harte Entscheidungen in bezug auf ihre Angestellten treffen; die härtesten Entscheidungen betreffen aber häufig auch ihre persönliche Disziplin und manchmal sogar ihre Familien. Im Leben jedes Managers gibt es einen Tag, an dem er nicht dazu kommt, den Clown zu spielen.

An einem Freitagabend landete ich auf dem Hartsfield International Airport in Atlanta. In der Halle entdeckte ich einen Nachbarn, und wir winkten uns zu. Ich wollte schon weitergehen, als mir auffiel, wie schlecht der Mann aussah. Er schien nicht mehr die Kraft zu haben, seinen Koffer abzuholen. Ich ging zu ihm hinüber, nahm ihm seinen Aktenkoffer ab und ging neben ihm her.

»Wo kommen Sie denn her, George?« fragte ich.

»Aus Boston.«

»Waren Sie geschäftlich dort?«

»Steve, ich weiß nicht, wieviel Sie vom Straßenbau verstehen, aber wir haben die Hölle auf Erden hinter uns. In den letzten zwei Jahren glaubte ich mehrmals, unsere Firma würde zusammenbrechen. Der Vertrag, den ich heute abgeschlossen habe, bedeutet unsere Rettung. Der Druck ist weg. Wir haben es geschafft.«

Ich nahm an, es handle sich bei George um jene typische Gegenreaktion, wo nach einem langen inneren Spannungsaufbau plötzlich die Luft entweicht. Ich sagte: »George, warum geht es Ihnen denn so schlecht? Ich hätte gedacht, Sie würden nun förmlich auf Wolken schweben. Sind Sie krank?«

Er schüttelte den Kopf und sagte: »Nein, Steve, ich bin nicht krank, aber ich habe mich noch nie in meinem Leben so elend gefühlt. Ich bin nicht dazu gekommen, den Clown zu spielen.«

Und dann erzählte er mir seine Geschichte: »Als ich so um sieben Uhr morgens von daheim wegging, sagte ich zu meiner Frau: ›Liebling, du kannst auf mich zählen. Ich werde am Nachmittag um halb fünf zu Hause sein. Ja, ich weiß, ich habe auch schon versprochen, ich würde hier sein – und kam dann nicht. Ich weiß, daß ich zu spät zur Party an unserem Hochzeitstag kam. Aber heute kannst du auf mich zählen. Heute bin ich um halb fünf zu Hause.‹«

An jenem Nachmittag um fünf feierte seine kleine Tochter ein Fest zu ihrem fünften Geburtstag. Schon zwei Wochen zuvor hatte sie allen Kindern in der Nachbarschaft erzählt: »Kommt doch zu meiner Geburtstagsparty. Es wird ganz toll. Kommt und seht den herrlichsten und lustigsten Clown, den es gibt. Mein Daddy wird nämlich Clown spielen!«

Als er ins Büro kam, erhielt George einen Telefonanruf. Seine Firma hatte das Rennen gemacht. Doch da es sich um eine internationale Angelegenheit handelte, gab es nur eine Gelegenheit, wo alle Parteien beieinander waren, und das war eben an jenem Tag. Wenn er das Geschäft machen wollte, mußte er an jenem Nachmittag in Boston sein. Also flog George nach Boston. Als er am Abend mit dem Vertrag in der Tasche vom Flugplatz nach Hause kam, war aber alles anders als im Film. Da wurde er nicht von einer großgewachsenen, hübschen Blondine im Négligé mit einem verführerischen Lächeln erwartet. Da gab es kein Kerzenlicht und keinen Champagner. Seine Frau lag bereits im Bett, vollkommen geschafft von der Geburtstagsparty mit zwanzig kleinen Gästen und den stundenlangen Erklärungen, warum Daddy nun nicht hier war, um den Clown zu spielen. *Das ist die persönliche Disziplin, die ein Manager braucht.* Bitte mißverstehen Sie mich nicht. George liebt seine Familie genauso wie Sie die Ihre. Wenn er sich nicht so um ihr Wohl gesorgt hätte, wäre er auch nicht so enttäuscht gewesen.

Trotzdem ging er nach Boston, denn er war nicht nur seiner, sondern auch 200 andern Familien *gegenüber* verantwortlich. Es gibt eine Regel, nach der wir leben müssen, damit wir effizient managen können. Sie klingt zwar nicht sehr hübsch, aber sie umfaßt so ziemlich alles: *Beim Managen dürfen Sie das Wohl eines einzelnen nicht über das Wohl des gesamten Unternehmens stellen.* Jeder effiziente Manager hält sich an diese Regel, und manchmal tut das halt einfach weh.

Ein Ereignis aus dem Zweiten Weltkrieg mag diesen Punkt verdeutlichen. Die Engländer hatten einen geheimen Code der Deutschen geknackt und bekamen so Informationen direkt aus Hitlers Kommandoposten. Aus einer entschlüsselten Botschaft konnte Winston Churchill entnehmen, daß die Deutschen vorhatten, Coventry zu bombardieren.

Nun hatte Churchill zwei Möglichkeiten. Er konnte Coventry

evakuieren lassen und den Deutschen dadurch verraten, daß er ihren Code kannte, was den weiteren Kriegsverlauf wohl schwer beeinträchtigt hätte. Oder er konnte das Geheimnis wahren, zulassen, daß die Deutschen Coventry bombardierten, und so das Leben von Tausenden von Männern, Frauen und Kindern aufs Spiel setzen.

Winston Churchill ließ zu, daß die Deutschen Coventry bombardierten.

Ich danke Gott, daß niemand von uns im Management jemals eine Entscheidung treffen muß, bei der Tausende von Menschenleben auf dem Spiel stehen. Aber wir *werden* Entscheidungen zu treffen haben, die für uns emotionell genauso schwierig sind. Unsere Fähigkeit zu managen steigt proportional zu unserer Fähigkeit, emotionell schwierige Entscheidungen zu treffen.

Welchen schwierigen Entscheidungen gehen Sie aus dem Weg? Tragen Sie sie in Tabelle 9 ein. Studieren Sie sie, und überlegen Sie sich die Folgen, wenn Sie Ihrem Titel als Manager nicht gerecht werden.

Tabelle 9

Schwierige Entscheidungen

Schwierige Entscheidungen, denen ich ausweiche	Was muß ich unternehmen?

AKTIONSPLAN
um die Todsünde Nr. 6 zu vermeiden, indem Sie Chef, nicht Kumpel sind

Eines der Mittel, die die Fortune-Gruppe erfolgreich anwendet, ist der Fortune-Aktionsvertrag. Nach jedem Kurs lassen die meisten Firmen ihre »Studenten« einen solchen Vertrag zur Nachkontrolle ausfüllen.

Wir legen Ihnen hier ebenfalls einen Vertrag für dieses Programm vor.

Anweisungen zum Ausfüllen des Aktionsvertrages

1. Notieren Sie unter Punkt 1 den wichtigsten Gedanken, den Sie im Verlauf dieser Sitzung gehabt haben.
2. Notieren Sie unter »Das werde ich daraus machen«:

   A Was Sie tun wollen.
   B Wann Sie es tun wollen.
   C Mit wem Sie es tun wollen.

3. Welchen Vorteil wird es für Sie haben, wenn Sie diesen Gedanken verwirklichen?
4. In unseren Sitzungen geben wir der Gruppe eine einminütige Vorbereitungspause, während der jeder Teilnehmer einen Vertrag mit seinem Nachbarn, mit einem andern Kursteilnehmer, mit der Person, die ihm den Kursbesuch ermöglicht hat, oder mit seinem Manager abschließt. Wir schlagen vor, daß auch Sie sich eine entsprechende Person aussuchen.

   A Sagen Sie dieser Person, was Sie tun wollen.
   B Sagen Sie ihr, wie Sie es tun wollen.
   C Sagen Sie ihr, welche Vorteile für Sie damit verbunden sind.

5. Vergessen Sie auf keinen Fall, das Datum des Vertragsabschlusses und das Datum der Nachkontrolle für die Person, mit der Sie diesen Vertrag abschließen, einzutragen.

Fortune-Aktionsvertrag

Weil ich das Gefühl habe, dies sei der wichtigste Gedanke, der mir beim Lesen dieses Kapitels gekommen ist, verpflichte ich mich hiermit, ihn in den nächsten sieben Tagen umzusetzen.

1. Dies ist der wichtigste Gedanke, den ich diesem Kapitel entnommen habe und den ich persönlich anwenden kann:

   ____

   ____

   ____

2. Das werde ich daraus machen:

   ____

   ____

   ____

3. Was ich gewinne, wenn ich ihn anwende:

   ____

   ____

   ____

4. Jemand, mit dem ich diese Gedanken teilen kann:

   ____

   ____

   ____

Datum des Vertrages: ______________________________

Kontrolldatum: ______________________________

Todsünde Nr. 9

Keine Richtlinien festlegen

Viele Manager mögen es gar nicht, wenn man von Richtlinien, Standards oder Mindestanforderungen spricht. Am liebsten meiden sie dieses Thema wohl überhaupt, weil sie in Richtlinien so etwas wie Regeln sehen, aufgrund derer jene bestraft werden, die zuwenig produktiv sind oder aus der Reihe tanzen.

Wer diesen Begriff so negativ definiert, mißversteht eines der Schlüsselwörter eines gut geführten Unternehmens. Denn die Richtlinien, die ein Unternehmen festlegt, zielen nicht notwendigerweise darauf ab, die Angestellten zur Einhaltung bestimmter Regeln zu zwingen; sie sollen vielmehr dafür sorgen, daß die Mitarbeiter auf sich selber und auf ihre Firma stolz sein können.

Die Wichtigkeit von Richtlinien

Jedermann hat seinen Standard. Das beweist die folgende Geschichte von Jim Auchmutey, der als Journalist für die *Atlanta Constitution* arbeitet.

Rick und Cherokee werden von ihren Kollegen beneidet. Sie verdienen einen schönen Batzen, tragen nur Kleider aus bekannten Modehäusern und besitzen mehr Uhren als ein Uhrengeschäft.

Sie unterhalten lockere Beziehungen zu den anderen »Canners«, diesen zwielichtigen, berufsmäßigen Schnorrern, die Blechbüchsen sammeln. Die $ 150 bis $ 200, welche die beiden jungen Männer wöchentlich verdienen, indem sie die Abfalltonnen und Müllhaufen durchwühlen, sehen vielleicht ziemlich bescheiden aus, doch sie ermöglichen ihnen – gemessen am Standard ihrer Kollegen, die größtenteils obdachlos und dem Alkohol verfallen sind – einen luxuriösen Lebensstil.

Rick und Cherokee haben Glück. Sie wohnen unter einer Brücke. Aus den Abfalltonnen hinter Bars und Wohnblöcken auf ihrer mittelständischen Route fanden sie auch Möbel für ihr Heim, und aus der gleichen Quelle stammen auch ihre Kleider.

»Manche denken, wir würden förmlich in die Abfalltonnen hineinkriechen«, sagt Rick. »Aber das stimmt nicht. Ich schaue sie mir zuerst genau an, und wenn ich darin Maden entdecke, verzichte ich, selbst wenn es von Blechdosen nur so wimmelt. *Ich habe meinen Standard.*«

Unabhängig von der wirtschaftlichen oder sozialen Schicht, der wir angehören, halten wir uns alle an gewisse Prinzipien, die uns von den »andern« unterscheiden und unsern persönlichen Stolz anstacheln. Ob diese Grundsätze nun irgendwo schriftlich festgehalten sind, oft im Gespräch erwähnt werden oder uns nicht einmal vollkommen bewußt sind, sie existieren dennoch in Bereichen wie Moral, Ethik, Kleidung und Leistung.

Fragen Sie nicht: »Wird es Richtlinien geben?«, sondern fragen Sie: »Wer wird die Richtlinien festlegen?« Im Geschäftsleben wird jedes gutgeführte Unternehmen sich an eine Firmenpolitik halten, die vom Management ausgearbeitet worden ist, denn wenn die Firmenleitung das unterläßt, übernehmen die Angestellten die Initiative, und die Ergebnisse können alles andere als angenehm sein.

Nicht nackt

Jede Firma hat irgendwelche untersten Ansätze, die sie im Hinblick auf irgendeinen Standard von ihren Angestellten zu dulden gewillt ist. Je höher unsere Erwartungen in dieser Hinsicht sind, desto größer ist unser Stolz, bei dieser Firma zu arbeiten. Unsere Fähigkeit, wertvolle Mitarbeiter halten zu können, wächst unmittelbar mit unseren Erwartungen; wenn sie nicht auf ihre Verbindung mit den Mitarbeitern unseres Unternehmens stolz sein können, werden gute Leute nicht an Selbstwertgefühl gewinnen und nicht über lange Zeit bei uns bleiben.

Vor mehreren Jahren verirrte ich mich im Urlaub. Auf der Suche nach genauen Wegangaben betrat ich ein kleines Immobiliengeschäft an der Straße. Am dritten Schreibtisch von vorn saß ein Mann, die Füße bequem auf der Tischplatte. Schuhe trug er nicht. Aber damit nicht genug, er trug auch keine Hose, sondern nur ausgefranste, abgeschnittene Jeans mit kurzen Beinen und ein verwaschenes T-Shirt mit dem Konterfei einer Rockgruppe. Sein ungekämmtes Haar, sein Dreitagebart und der unverwechselbare Geruch nach billigem Whisky, der mir entgegenwehte, wirkten auf mich nicht besonders anziehend. Aber es wäre unfair von mir zu behaupten, diese Firma hätte keine Kleidungsvorschriften gehabt. Ich bin sicher, daß es ihren Angestellten nicht erlaubt war, nackt zur Arbeit zu kommen. Sie als Manager könnten es sich nicht leisten, einen Mann mit so vernachlässigtem Gehabe in Ihrer Firma zu behalten. Täten Sie es dennoch, würden

Sie Ihre guten Leute verlieren. Diese würden sich nämlich weigern, sich mit solchem Gesindel überhaupt abzugeben.

Ich habe mich zwar nicht danach erkundigt, aber ich bin sicher, daß diese ungekämmte Type über die ethischen, moralischen und leistungsmäßigen Richtlinien der Firma genausogut Bescheid wußte. Diese bewegten sich vermutlich ungefähr auf dem gleichen Niveau wie die Kleidungsvorschriften. Aber immerhin: Es gab Standards, wie niedrig sie auch immer sein mochten.

Wenn Richtlinien respektiert werden

Wenn sie in geeigneter Form und Art präsentiert werden, verraten Richtlinien den Angestellten, mit was für Leuten sie es zu tun bekommen. Positiv vorgebrachte Richtlinien erzeugen Wohlbefinden und Sicherheit. Sie können auch dafür sorgen, daß man auf sein Unternehmen stolz ist, vorausgesetzt, daß die festgelegten Standards auch mit den wirklichen übereinstimmen, die in den Entscheidungen des Managements zum Ausdruck kommen.

Vor ein paar Jahren arbeitete ich für eine Firma, die ihren Vertretern ein Umsatzvolumen von mindestens 600 000 Dollar vorschrieb. Ich erlebte, daß ein Vertreter kündigte, weil er wußte, daß er diese Anforderung nie erreichen würde, und ein zweiter kaufte selber Ware für 11 000 Dollar ein, um dem Minimum zu genügen. Die Angestellten jener Firma hatten zumindest keine Zweifel an den Richtlinien.

Kelly, der Sohn eines Freundes, erzählte mir, er wolle bei seiner jetzigen Versicherungsgesellschaft kündigen und für eine andere arbeiten. Aus Gesprächen mit Kellys Vater wußte ich, daß der junge Mann sein Soll nicht erfüllt hatte. In der Annahme, Kelly wolle selber kündigen, um der Entlassung zuvorzukommen, fragte ich: »Nun, glaubst du, die Policen der neuen Gesellschaft seien so viel besser, daß du sie leichter verkaufen könntest?«

Kellys Antwort überraschte mich: »Keineswegs. Es ist eine Frage der Richtlinien, der Leistungsanforderungen. Bei der alten Firma weiß ich, daß es überhaupt nichts ausmacht, wenn ich mein Minimum nicht erreiche, weil sie einem immer wieder eine neue Chance geben. Bei der neuen Firma dagegen wird das anders sein. Da erbringt man seine Leistung, oder man geht. Und ich brauche diese Art von Disziplin. In meinem Alter muß ich Sieger um mich haben. Ich finde es zu einfach, den Verlierern zuzuhören.«

Offenbar war es wirklich das, was Kelly brauchte, denn im folgenden Jahr schaffte er beinahe die Aufnahme in den Club der Vertreter mit einem Umsatz von einer Million Dollar. Ihm war die Bedeutung dieser Qualitätsnorm viel deutlicher bewußt als seinem ersten Arbeitgeber. Kelly war stolz darauf, daß seine neue Firma ihm höhere Leistungen abverlangte und ihn sozusagen einem persönlichen Test unterwarf.

Richtlinien erzielen die gewünschte Wirkung allerdings nur dann, wenn das Management auch tut, was es predigt. Wir können nicht das eine sagen und das andere tun. Wenn – wie bei Kellys erster Firma – Standards nur angekündigt, aber nicht eingehalten werden, wird der Stolz der Leute nicht genährt, sondern zerstört.

Ich hörte kürzlich von einer Druckerei, wo die Angestellten meuterten, weil die Firmenleitung einen Mann wieder einstellte, der zuvor entlassen worden war, weil er bei der Arbeit Marihuana geraucht hatte. Die Arbeiter stellten sich auf den Standpunkt, der Mann habe die Regeln gekannt, das Vertrauen mißbraucht und seine Kollegen in Gefahr gebracht, weil die Möglichkeit von Fehlmanipulationen an den Maschinen sehr groß war. In den

Augen der Angestellten verdiente er keine zweite Chance. Die Arbeiter hielten die Standards ihrer Druckerei hoch und wollten sie nicht einfach untergehen sehen.

Nun bin ich keineswegs so naiv zu glauben, daß die Arbeiter, die auf der Entlassung des Mannes bestanden, selbst nie gegen die Regeln verstoßen hatten. Aber sie wollten einfach nicht, daß einer andere in Gefahr bringt, weil er gegen Ethik und Sicherheitsvorschriften verstößt. Ich glaube, das gleiche wäre passiert, wenn der Mann seinen Arbeitsplatz verlassen hätte, währenddem seine Druckpresse noch lief. Wenn es für eine Richtlinie einen praktischen Anlaß gibt und dieser Anlaß den Leuten bekanntgegeben wird, werden sie die Richtlinie respektieren und einhalten.

Wenn ein Manager in Versuchung kommt, eine Richtlinie etwas zurechtzubiegen, muß er wissen, daß er eigentlich keine Regel abändert, sondern eine neue schafft. Wenn er dem Angestellten, den er mit der Hand in der Kasse erwischt, eine zweite Chance gibt, entsteht sofort eine neue Regel: Es macht nichts, wenn man einmal erwischt wird. Egal, wie diskret der Manager seine Entscheidung auch behandeln will, sie wird irgendwann bekannt werden und sich in Windeseile verbreiten. Dann werden die Angestellten entweder rebellieren – wie in der Druckerei – oder den neuen, tieferen Standard akzeptieren. Sie nehmen vielleicht nicht einmal an, daß jeder beispielsweise mit Stehlen durchkommen kann, aber sie wissen doch klar und deutlich, daß für die Lieblinge des Managers eine neue Regel erlassen worden ist. Regeln, die nicht für alle gelten, sabotieren den Stolz.

Natürlich läßt sich das Leistungsniveau in bestimmten Fällen leichter überprüfen als in anderen. Die Produktivität eines Vertreters zum Beispiel ist deutlicher zu sehen als diejenige eines Angestellten in einem Dienstleistungsunternehmen oder in einer gemeinnützigen Organisation. Dennoch gibt es immer irgendwelche Methoden, mit denen das Management Dienstleistungen oder Produktivität bis zu einem gewissen Grad messen kann, irgendein System, das sowohl vom Manager als auch vom Angestellten anerkannt und verstanden wird.

Wie messen Sie zum Beispiel als Manager die Produktivität eines wissenschaftlichen Forschers? Wenn er Sie ins Labor ruft, um Ihnen zu zeigen, daß er nun wirklich das Gegenmittel gegen Grippe gefunden hat, so ist das Produktivität. Wenn er Ihnen mitteilt, daß er bei seiner Suche nach einem Grippemittel etwas entdeckt hat, womit das Körpergewicht unter Kontrolle gehalten werden kann, ist das Fortschritt. Was ist aber, wenn er Ihnen nur zeigen kann, daß zwanzig Experimente keinen Schritt näher an ein Grippemittel herangeführt haben? Ist das Fortschritt? Ja, und ein meßbarer Fortschritt obendrein. Sie wissen jetzt, daß zwanzig weitere Straßen nur Sackgassen sind. Sie haben die Möglichkeiten reduziert. Die Arbeit dieses Forschers ist meßbar, und deshalb kann und sollte ein Standard festgelegt werden, bevor er überhaupt die Arbeit in Ihrem Labor aufnimmt. Ein Manager-Wissenschaftler bei den Bell Labs erkannte einst, daß seine entscheidende Rolle als Manager darin bestand, dem Wissenschaftler in seiner Abteilung beim Aussortieren der durchführbaren Projekte zu helfen. Selbst in der reinen Wissenschaft ist Platz für die Kunst des Managements.

Wenn ein Manager keine Möglichkeit findet, wie er und sein Angestellter die Produktion messen können, dann kann meiner Meinung nach nicht groß von Management die Rede sein. Die Meßmethode muß realistisch und gerecht sein und letztlich auch irgendwie damit zu tun haben, daß der rote Ball – der Gewinn – in der Luft bleiben kann.

Der Wissenschaftler, der im Labor einer pharmazeutischen Firma forscht, mag auf den ersten Blick mit dem Gewinn der Firma herzlich wenig zu tun haben. In Tat und Wahrheit hat er aber darauf genauso viel Einfluß wie der Vertreter. Wir holen den Wissenschaftler nicht ins Labor, damit er nicht naß wird, wenn es regnet. Nein, er ist zu einem bestimmten Zweck da. Die Firma investiert Geld in seine Arbeit und hofft, daß er eine Entdeckung macht, die sich dann vermarkten läßt.

Thomas Alpha Edison, der das Konzept des Forschungslabors eigentlich ausgearbeitet hatte, vergaß nie, daß die Forschung mit Geldmitteln aus dem Gewinn finanziert wurde und daß der Gewinn aus der Forschung stammte. Er ging sogar so weit, daß er die Zahl der *wöchentlichen* Erfindungen festlegte, die er beim Patentamt anmelden wollte.

Grundsätzlich können wir Leistung anhand von vier verschiedenen Parametern messen. Der eine oder andere läßt sich wohl auf jede Art von Arbeit anwenden:

Quantität
Qualität
Rechtzeitigkeit
Kosten

Quantität. Unsere üblichste Methode der Leistungsmessung hängt irgendwie mit Quantität zusammen. Wir registrieren auf die eine oder andere Weise die Anzahl der Verkäufe, das Umsatzvolumen, die Anzahl der verrechneten Stunden, die Anzahl der gespritzten Kotflügel oder irgendeine Menge, die verarbeitet oder produziert werden kann.

Qualität. Dies ist einer der wichtigsten Bereiche, für die Standards von eminenter Bedeutung sind. Qualitative Messungen berücksichtigen mindestens zwei Faktoren: Mängel und persönliches Auftreten.

Mängel sind zum Beispiel Rückweisungen bei der Kontrolle, falsche Ablagen, Berichte über mangelnde Sicherheit, Beschwerden von Kunden etc.

Das *Auftreten* befaßt sich mit andern Dingen und wird eher subjektiv beurteilt. Dazu gehören Sauberkeit, die Art und Weise, wie jemand Anrufe entgegennimmt, wie eine Empfangsdame Gäste begrüßt oder wie ein Vertreter sich gegenüber einem unzufriedenen Kunden verhält.

Rechtzeitigkeit. Hier geht es meistens um Verantwortlichkeiten im Zusammenhang mit dem Einhalten von Lieferfristen, von Abfahrts- und Ankunftszeiten oder um Absenzen. Unter dieses Thema fallen auch neue Verfahren etc. Auch bei der kreativsten Idee ist es von entscheidender Bedeutung, daß sie im richtigen Augenblick auf den Markt gebracht wird.

Kosten. Meistens bringen wir die Kosten mit drei grundlegenden Elementen des Managements in Verbindung: Personal, Geld und Materialien. Ist eine Person leistungsfähig und hat sie dabei die

Ausgaben für Arbeiter, Management-Zeit, Materialien und Dienstleistungen im Griff? Kann sie sich an ein Budget halten?

Standards bei Entscheidungen

Richtlinien können nicht nur zum Stolz der Angestellten beitragen, sie haben auch den Vorteil, daß sie dem Management eine gewaltige Last abnehmen können. Richtig angewendet, halten sie das persönliche Element aus unseren harten und schwierigen Entscheidungen fern. Standards, die durch objektive Prüfung aussagen, was das Management von den Angestellten vernünftigerweise als Mindestleistung erwarten darf, bilden eine Basis für geschäftliche und sachgerechte Entscheidungen.

Stellen Sie sich zum Beispiel vor, Sie wären Chef eines großen Treuhandbüros. Ihr Standard legt fest, daß jeder Buchhalter mindestens 2000 Arbeitsstunden pro Jahr verrechnen muß. Haben Sie diesen Standard einmal all Ihren Angestellten bekanntgegeben, bildet er die Grundlage, daß Sie Ihre Angestellten beraten können, ohne daß Persönliches ins Spiel kommt. Der Angestellte, der den Standard nicht erreicht, weiß, daß er sich zuwenig eingesetzt hat. Sollten Sie sich entschließen, ihn zu entlassen, ist der Grund für die Entlassung eindeutig im geschäftlichen Bereich zu suchen.

Um überleben zu können, muß ein Manager wissen, wann er seine Arbeit getan hat. Richtlinien haben es mir ermöglicht, mein Gleichgewicht als Manager über die Jahre hinweg zu erhalten. Am schwersten war dieses Gleichgewicht vor mehreren Jahren einmal bedroht. Ein Mann, der mir unterstand, erreichte die Mindestanforderungen nicht. Nach zahlreichen Besprechungen mit wohlgemeinten Ratschlägen und einem Versuch, ihn auch ohne bessere Ergebnisse zu halten, erfüllte ich meine Pflicht als Manager und entließ ihn. Am Ende unseres letzten Gesprächs gab er mir die Hand und sagte: »Steve, ich werde Sie und Ihre Firma nie vergessen. Sie haben sich mehr bemüht, mir zum Erfolg zu verhelfen, als ich je erwarten konnte. Ich weiß nicht genau, weshalb ich es nicht geschafft habe, aber ich weiß, daß der Fehler bei mir liegt, weil so viele andere das Minimum nicht nur erreicht, sondern bei weitem übertroffen haben.« Um halb drei nachmittags verließ er mein Büro. Um viertel vor sechs erreichte mich vom Parkplatz her ein Notruf. Mein ehemaliger Angestellter war um halb fünf einem Herzschlag erlegen. Als ich von diesem Todesfall hörte, wurde ich physisch krank bei dem Gedanken, mein Handeln sei daran schuld. Die schlaflose Nacht darauf war eine der schlimmsten meines Lebens, denn ich kämpfte stets mit dem Gedanken, ich sei schuld am Tod dieses Mannes. Ich spielte sogar mit dem Gedanken, mein Geschäft zu schließen, doch wäre das natürlich unfair den andern gegenüber gewesen, die von mir abhängig waren.

Endlich sah ich ein, daß der Tod nicht in meinen, sondern in Gottes Händen lag. Ich konnte mich nur mit dem Wissen trösten, alles getan zu haben, damit er seine Stellung behalten und die verlangten Leistungen erbringen konnte. Ich begann zu verstehen, wie ein Arzt sich fühlt, wenn er alles getan hat, um einen Patienten zu heilen, dieser dann aber doch stirbt. Der einzige Trost, der ihm bleibt, ist, seine Arbeit gemacht zu haben.

Die Richtlinien meiner Firma ermöglichten es mir, seiner Witwe in die Augen zu sehen und bei der Beerdigung als Sargträger zu amten, weil ich wußte, daß ich alles getan hatte, was ich tun konnte. Ich war ihm gegenüber verantwortungsvoll gewesen.

Die Vereinbarung

Wir müssen Richtlinien unbedingt als Vereinbarung zwischen einer Firma und ihren Angestellten sehen. Es gibt verschiedene Arten von Gesamtarbeits- und Anstellungsverträgen. *Vertrag* im eigentlichen Sinne des Wortes bedeutete eine Übereinkunft, die auf Verständnis, Vertrauen und gegenseitiger Verpflichtung beruht. Heute würden wir wahrscheinlich von einer Vereinbarung sprechen. Eine Vereinbarung geht noch etwas weiter als unsere derzeitige Vorstellung von einem Vertrag. Die Firma garantiert dem Angestellten durch die Aufrechterhaltung ihrer Standards eine gewisse Qualität des Arbeitsklimas und gewisse Aufstiegsmöglichkeiten. Umgekehrt wird der Angestellte sich an die Richtlinien halten, damit er in den Genuß der Vorteile gelangt, die ihm eben diese Richtlinien gewährleisten.

Die kluge Firma geht mit ihrem Handbuch der Firmenpolitik zu einem PR-Berater und bittet ihn, den Wortlaut sorgfältig zu überprüfen. Sind die Richtlinien in positiven Begriffen ausgedrückt? Ist der Vorteil jeder Richtlinie dargelegt? Ist der Wortlaut klar und leicht faßbar? Die Antwort auf alle diese drei Fragen muß ein klares Ja sein!

Wenn alle Beteiligten die Richtlinien als Vereinbarung, als Qualitätszusage betrachten, wird ihr Stolz auf die Firma größer und größer – und das Managen fällt leichter und leichter.

Todsünde Nr. 9 ist leicht zu vermeiden, wenn Sie vernünftige, gerechte, beidseits annehmbare Standards für Ihre Angestellten aufstellen, sie allen bekanntmachen und dafür sorgen, daß alle – auch Sie – sich daran halten. Benützen Sie Tabelle 10, um Ihre Richtlinien zu erarbeiten.

Tabelle 10

Richtlinien

Bereiche, in denen Richtlinien aufgestellt werden sollten	Methoden, sie aufzustellen
	Quantität Qualität Rechtzeitigkeit Kosten
	Quantität Qualität Rechtzeitigkeit Kosten
	Quantität Qualität Rechtzeitigkeit Kosten

AKTIONSPLAN
um die Todsünde Nr. 9 zu vermeiden, indem Sie Richtlinien festlegen

Eines der Mittel, die die Fortune-Gruppe erfolgreich anwendet, ist der Fortune-Aktionsvertrag. Nach jedem Kurs lassen die meisten Firmen ihre »Studenten« einen solchen Vertrag zur Nachkontrolle ausfüllen.

Wir legen Ihnen hier ebenfalls einen Vertrag für dieses Programm vor.

Anweisungen zum Ausfüllen des Aktionsvertrages

1. Notieren Sie unter Punkt 1 den wichtigsten Gedanken, den Sie im Verlauf dieser Sitzung gehabt haben.

2. Notieren Sie unter »Das werde ich daraus machen«:

   A Was Sie tun wollen.
   B Wann Sie es tun wollen.
   C Mit wem Sie es tun wollen.

3. Welchen Vorteil wird es für Sie haben, wenn Sie diesen Gedanken verwirklichen?

4. In unseren Sitzungen geben wir der Gruppe eine einminütige Vorbereitungspause, während der jeder Teilnehmer einen Vertrag mit seinem Nachbarn, mit einem andern Kursteilnehmer, mit der Person, die ihm den Kursbesuch ermöglicht hat, oder mit seinem Manager abschließt. Wir schlagen vor, daß auch Sie sich eine entsprechende Person aussuchen.

   A Sagen Sie dieser Person, was Sie tun wollen.
   B Sagen Sie ihr, wie Sie es tun wollen.
   C Sagen Sie ihr, welche Vorteile für Sie damit verbunden sind.

5. Vergessen Sie auf keinen Fall, das Datum des Vertragsabschlusses und das Datum der Nachkontrolle für die Person, mit der Sie diesen Vertrag abschließen, einzutragen.

Fortune-Aktionsvertrag

Weil ich das Gefühl habe, dies sei der wichtigste Gedanke, der mir beim Lesen dieses Kapitels gekommen ist, verpflichte ich mich hiermit, ihn in den nächsten sieben Tagen umzusetzen.

1. Dies ist der wichtigste Gedanke, den ich diesem Kapitel entnommen habe und den ich persönlich anwenden kann:

   ____

   ____

   ____

2. Das werde ich daraus machen:

   ____

   ____

   ____

3. Was ich gewinne, wenn ich ihn anwende:

   ____

   ____

   ____

4. Jemand, mit dem ich diese Gedanken teilen kann:

   ____

   ____

   ____

Datum des Vertrages: ______________________________

Kontrolldatum: ______________________________

Todsünde Nr. 10

Seine Leute nicht schulen

In vorherigen Kapiteln habe ich versucht zu erläutern, wie das Leistungsniveau Ihrer Leute beeinflußt werden kann. In Kapitel 1 haben wir *Management* definiert als »die Fähigkeit, vorbestimmte Ziele durch die freiwillige Mitarbeit und Anstrengung von anderen Leuten zu erreichen«. In Kapitel 2 haben wir festgestellt, ein wichtiger Zweck des Managements sei es, für das Fortbestehen des Unternehmens auch über unsere Abwesenheit hinweg zu sorgen. In Kapitel 3 haben wir erwähnt, der Unterschied zwischen einem erfolgreichen und einem erfolglosen Menschen bestehe darin, daß der Erfolgreiche es sich zur Gewohnheit gemacht hat, die Dinge zu tun, die der Erfolglose nicht tut. Und in Kapitel 9 haben wir darauf hingewiesen, wie wichtig Richtlinien sowohl für das Management als auch für die Angestellten sind und daß Leistung anhand verschiedener Parameter wie Quantität, Qualität, Rechtzeitigkeit und Kosten gemessen werden kann. Auf die Gefahr hin, die Komplexität des Managements allzu stark zu vereinfachen, könnten wir unsere Arbeit am besten wie folgt umschreiben: *Unsere Leute dazu bringen, sich richtig zu verhalten,* d. h. konstant Normleistungen zu erbringen (wobei Norm hier Leistung entsprechend oder über den Mindestanforderungen bedeutet). Die

Arbeit eines Managers kann in mancherlei Hinsicht in zwei Hauptaufgaben zusammengefaßt werden:

> Die Leute vom Niveau zur Zeit ihres Stellenantritts auf die Normleistung zu bringen.
> Die Normleistung beibehalten, wenn sie einmal erreicht ist.

Die Normleistung

Nur unkluge Manager werden versuchen, die Taten oder die Leistung eines Angestellten von den vorausgehenden Einflüssen (nennen wir sie Voraussetzungen) und den Folgen (nennen wir sie Ergebnisse) zu trennen. Kluge Manager nützen sie aus, um die Produktivität bei ihren Leuten zu erhalten oder gar noch zu steigern.

Voraussetzungen. Sie gehen den Taten voraus, dienen beim Beurteilen des zukünftigen Verhaltens als Leitlinien oder Standards und bilden die Grundlage der Leistung. Beispiele dafür sind Arbeitsbeschreibungen, Ausbildung, Firmenpolitik, Ziele oder die Handlungen anderer Leute.

Handlung (oder *Leistung*). Sie umfaßt das, was die Angestellten sagen oder tun. Sie äußert sich in Aktivitäten wie Briefe schreiben, Verkaufsgespräche führen, Injektionen verabreichen, Schecks einlösen oder Maschinen bedienen.

Ergebnisse. Sie sind die Folgen der Handlung, und sie veranlassen einen Angestellten dazu, seine Handlung zu wiederholen, sie zu ändern oder sie in gewissen Fällen abzubrechen. Anerkennung, Komplimente aus dem Mund des Chefs und Lohnerhöhungen sind alles positive Ergebnisse. Zu den negativen Ergebnissen, welche die Angestellten dazu veranlassen, anders oder nicht mehr zu handeln, gehören unter anderem Spötteleien der Kollegen, entgangene Geschäfte, Beschwerden von Kunden und Rügen.

Zusammen bestimmen diese Elemente das zukünftige Verhalten unserer Angestellten. Die Voraussetzungen lösen Handlungen aus. Die Handlungen führen zu Ergebnissen. Und die Ergebnisse bestimmen das zukünftige Verhalten (Diagramm 4).

Diagramm 4

Die Norm-Formel

Voraussetzungen → Handlung →
Ergebnisse → Zukünftiges Verhalten

Die Verpflichtungen des Managers

Als vor einigen Jahren die Insassen mehrerer Gefängnisse in einem Staat der USA meuterten, fragte man den Gouverneur, was seine Verwaltung dagegen zu tun gedenke. Seine Antwort: »Wir werden nie bessere Gefängnisse haben, wenn wir nicht bessere Insassen bekommen.« Viele Manager teilen diesen Gesichtspunkt und betrachten den Mißerfolg eines Angestellten als dessen Problem und nicht als eine Schwäche des Managements.

Natürlich machen wir Fehler bei der Auswahl unserer Angestellten. Hie und da versuchen Manager, einen vierkantigen Keil in ein rundes Loch zu treiben, aber solche Fälle bilden doch die Ausnahme, nicht die Regel.

Wenn der Manager bei der Anstellung seiner Angestellten keine falsche Wahl getroffen hat, bleiben nur drei Gründe übrig, warum ein Angestellter seine Arbeit nicht tut. Diese Gründe gelten für Sie, für mich und für all unsere Angestellten.

1. Der Angestellte weiß nicht, was seine Arbeit ist.
2. Der Angestellte weiß nicht, wie er die Arbeit anpacken muß.
3. Jemand oder etwas beeinträchtigt die Lust oder die Fähigkeit des Angestellten, seine Arbeit zu tun.

Diese drei Gründe für ungenügende Leistung bilden unsere elementaren Verpflichtungen unsern Leuten gegenüber. Wir nehmen unsere Verantwortung ihnen gegenüber nicht wahr, solange wir nicht die grundlegenden Voraussetzungen für ein erfolgreiches Verhalten schaffen, indem wir dafür sorgen, daß sie ihre Arbeit kennen und wissen, wie sie sie anpacken müssen. Und wir erfüllen unsere Führungsaufgaben nicht, solange wir unseren Angestellten nicht den notwendigen Rückhalt geben, daß sie den Umständen und den Leuten trotzen können, die ihre Lust und ihre Fähigkeit zu beeinträchtigen drohen.

Die Arbeit erklären

Wenn wir im Rahmen unserer Beratungstätigkeit bei einer Firma arbeiten und dabei ihre Angestellten ein wenig beobachten, habe ich oft den Eindruck, die Leute würden förmlich zum Management aufschreien: »Wir wollen euch den Graben ja ausheben;

sagt uns doch bloß, wie tief, wie breit und wie lang er sein soll und in welcher Richtung er verlaufen soll.« Ohne diese Angaben können sie nichts tun. Das Management muß diese Angaben liefern.

Meine nächste Aussage klingt vielleicht nicht besonders nett, aber sie ist wahr: Alle neuen Leute sind unfähig.

Es ist egal, wen Sie einstellen und über was für Leistungen er sich ausweisen kann. Es ist egal, ob der neue Angestellte die Harvard Business School absolviert hat oder alles andere kann, was man dort nicht lernt. Selbst wenn er zuvor der Leistungsträger eines Konkurrenzunternehmens war, wenn er in Ihre Firma eintritt, bleibt er so lange unfähig, bis er sich in Ihrer Firmenpolitik, Ihren Verfahren, Ihrem Ablagesystem etc. auskennt. Und wenn ein neuer Angestellter noch nie in Ihrer Branche gearbeitet hat, dann ist er wirklich vollkommen unfähig.

Die beste Sekretärin, der beste Verkäufer, der beste Mechaniker oder der beste Forscher Ihrer Konkurrenz ist für Sie unter Umständen nutzlos, denn was in Ihrer Firma einen wertvollen Mitarbeiter ausmacht, ist einzig und allein *eine Person, die tut, was Sie von ihr verlangen.*

An diese Wahrheit erinnere ich mich jedesmal, wenn ich höre, wie ein Manager von seinen Problemen mit neuen Angestellten und deren Zurückhaltung vor gewissen Verantwortlichkeiten erzählt. Und dann stelle ich die Frage: »Haben Sie dieser Person bei ihrem Anstellungsgespräch genau erläutert, was zu ihren Pflichten gehört?« Und meistens erfahre ich dann, daß überhaupt keine schriftliche Arbeitsbeschreibung existiere, daß diese oder die andere Aufgabe im Gespräch möglicherweise übersehen worden sei, daß sie aber von allen früheren Stelleninhabern gemacht worden sei, weil es einfach dazugehöre.

Der Manager nimmt an, eine bestimmte Arbeits- oder Berufsbezeichnung gebe die Bedeutung, die er ihr zumißt, genau wieder, während der künftige Angestellte ganz andere Aufgaben hineininterpretiert. Und wenn die beiden sich einig werden, unterzeichnen sie im Grunde genommen zwei verschiedene Verträge.

Andere Manager beklagen sich über die Leistung von Angestellten, die aus den eigenen Reihen befördert wurden. »John wußte, was ihn erwartete, als ich ihm die Stelle anbot. Er saß über zwei Jahre lang am Schreibtisch neben Sam, und ich erwarte von ihm natürlich, daß er alles macht, was auch Sam machte.«

John war vorher vielleicht so sehr mit seiner eigenen Arbeit beschäftigt, daß er gar nicht darauf achten konnte, was Sam alles machte. Der Manager hätte John eine komplette Liste mit seinen Aufgaben vorlegen sollen, und zwar noch bevor John die neue Stelle antrat.

Ich bin zwar durchaus nicht der Meinung, es müsse im Detail schriftlich festgehalten werden, wer nun den Kaffee macht, wer das Telefon bedient, wenn die Telefonistin einen Augenblick von ihrem Arbeitsplatz weggeht, oder wer das Papier in der Fotokopiermaschine nachfüllen muß; aber ich glaube, daß eine schriftliche Arbeitsbeschreibung zwei wichtige Beiträge zum reibungslosen Ablauf in Ihrer Abteilung beitragen kann:

Sie sagt Ihren Angestellten genau, was Sie von ihnen erwarten.

Sie sagt Ihnen genau, was Sie von Ihren Angestellten erwarten.

Wenn Sie diese Liste der Aufgaben und Zuständigkeiten sorgfältig studieren, wird Ihnen vielleicht plötzlich klar, weshalb die letzte Sekretärin immer Überstunden machen mußte; Sie entdecken vielleicht, daß die Arbeit viel mehr Einzelheiten umfaßt, als Sie geglaubt hatten; oder Sie stoßen auf eine Reihe von andern Punkten, die entweder beim nächsten Anstellungsgespräch ernsthaft besprochen oder aber von Ihnen neu überdacht werden müssen. Auf jeden Fall wird Ihnen nachher klar sein, was Sie von einem Angestellten in einer gewissen Position wirklich erwarten.

Vielleicht erkennen Sie, daß Ihnen nicht klar ist, was ein Angestellter genau tun oder wie er seine Talente am besten einsetzen sollte. Wenn Sie nicht eine vollständige Arbeitsbeschreibung haben oder aufstellen können, dürfen Sie sich nicht wundern, wenn der Angestellte unfertige Arbeiten liegenläßt.

Heutzutage sind die Angestellten auf die eher schattigen Seiten ihrer Arbeit besonders sensibel und reagieren recht heftig, wenn sie erfahren, daß auch unangenehme Aufgaben in ihren Arbeitsbereich fallen, z. B. mit Zahlungen rückständige Kunden aufsuchen, Papiere ablegen, die jemand aus den Akten entfernt hat, oder Kunden mit Kaffee bedienen. Es gibt sicher keine Arbeit, die nur Sonnenseiten aufweist, aber die Angestellten müssen wissen, was für Unannehmlichkeiten mit ihrer Arbeit verbunden sind, und sie sollten es wissen, bevor sie ihre Stelle antreten.

Wenn Sie jetzt denken, »nun, ich habe keine Zeit, mich hinzusetzen und detaillierte Arbeitsbeschreibungen auszuarbeiten; ich bin mit dem Management meiner Abteilung hier viel zu sehr beschäftigt«, dann lassen Sie mich Ihnen folgendes sagen: Sie wären viel weniger gestreßt, wenn Ihre Angestellten genau über ihre Verantwortlichkeit Bescheid wüßten. Wenn es eine Arbeitsbeschreibung für Ihre Stelle gibt (und das sollte es), dann müßte ziemlich weit oben zu lesen sein: »Stellen Sie Arbeitsbeschreibungen zusammen, und besprechen Sie sie mit jedem einzelnen Ihrer Angestellten.«

Erwarten Sie Taten, nicht Gedanken

Wenn Sie einen neuen Mitarbeiter einstellen, erwarten Sie von ihm nicht, daß er *denkt,* stellen Sie ihn ein, damit er etwas *tut; Sie denken für ihn.* Dadurch zeigen Sie ihm, wie Sie denken. Wenn er Ihre Gedankengänge kennt, wenn er weiß, wie Sie denken, hat er den ersten Schritt auf dem Weg zu einem guten Angestellten gemacht, das heißt zu einem Angestellten, der tut, was Sie von ihm wollen. Wenn Sie von ihm erwarten, daß er sämtliche Rätsel Ihres Geschäftes löst, wird er versucht sein, Ihnen Antworten zu geben, wenn er ja noch nicht einmal Ihre Fragen kennt. Sie müssen verstehen, daß Ihr Unternehmen für ihn eine vollkommen neue Welt ist. Ohne Erfahrungen, auf die er sich stützen kann, hat er keinen Anhaltspunkt, um Entscheidungen zu treffen. Folglich stehen die Chancen ungefähr fünfzig zu fünfzig, daß seine Entscheidungen falsch sind. Ich habe einst ein wunderschönes, wenn vielleicht auch extremes Beispiel gelesen, das zeigt, was geschieht, wenn Entscheidungen aufgrund falscher Anhaltspunkte getroffen werden.

Eine Missionarin im Tschad betreute eine Gruppe von Einheimischen, die den Umgang mit Metall erst kurz zuvor kennengelernt hatte. Eines Tages bemerkte sie, daß ihr Hausjunge tagtäglich mit einer leeren Blechbüchse verschwand. Als sie sich nach dem Grund erkundigte, meinte er voller Stolz, er pflanze die Blechdosen ein, damit dereinst ein Auto aus ihnen heranwachse.

Uns mag dies lächerlich erscheinen, aber überlegen wir uns doch einmal, was dieser Junge für einen Anhaltspunkt hatte. Aus Erfahrung wußte er, daß man einen Samen setzen und gedeihen lassen muß, wenn man etwas haben will.

Viele Manager widersetzen sich meinem Rat, am Anfang für

ihre Angestellten zu denken, weil sie der Meinung sind, diese Empfehlung bedeute eine Erniedrigung für diese Angestellten. Das liegt natürlich nicht in meiner Absicht. Das hat nichts mit der Intelligenz Ihrer Angestellten zu tun. Wenn Sie für Ihren Angestellten denken, der neu in Ihre Firma eintritt, schlagen sie zwei Fliegen mit einer Klappe: Sie geben die Richtung an, und Sie verschaffen dem neuen Angestellten die Möglichkeit, sich als Sieger zu fühlen. Sie helfen ihm auf diese Weise, daß er sofort ins Team aufgenommen wird. Neue Angestellte, die auf sich allein gestellt sind, werden unnötig belastet, bis sie sich in ihre neue Umgebung eingelebt haben. Sie kommen sich vor wie Waisenkinder.

Ein Manager sollte sich mit jedem neuen Angestellten wenn möglich jeden Tag (mindestens aber dreimal pro Woche) zu einer Besprechung treffen. Arbeitet der neue Angestellte an einem anderen Ort, sollten die Besprechungen telefonisch stattfinden.

Am ersten Tag sollten die Voraussetzungen festgelegt werden, indem Sie dem neuen Angestellten eine Liste mit allen Tätigkeiten vorlegen, die er an diesem Tag zu erledigen hat. Gehen Sie auf die einzelnen Aktivitäten ein, damit Ihr Angestellter auch bestimmt begreift, wie Sie die Sache erledigt haben wollen. Die folgenden Treffen verfolgen zwei Ziele: Sie sollen weitere Voraussetzungen schaffen und jeweils die Ergebnisse des Vortages kontrollieren. Dies gibt Ihnen unmittelbar Gelegenheit zu erkennen, ob sich Ihr Angestellter Ihren Wünschen gemäß verhält, und ihn gegebenenfalls darin zu bestärken, und während der neue Angestellte erfährt, was Sie von ihm wollen, können Sie seine Stärken und Schwächen ausloten. Solche Besprechungen sollten in den ersten drei Wochen täglich stattfinden.

Ein Wort der Vorsicht: Zwei Punkte sind von größter Bedeutung. Wenn Sie dieses Vorgehen wählen, damit Sie sicher sind, daß die Leute ihre Arbeit auch wirklich verstehen, müssen Sie sie kontrollieren und ihnen praktische Ratschläge erteilen. Wenn Sie bei einem Angestellten eine Voraussetzung schaffen, indem Sie ihm Anweisungen geben und ihn wissen lassen, daß Sie seine Arbeit nachprüfen werden, müssen Sie es dann auch tun, sonst ist Ihre ganze Absicht dahin. Ihr Angestellter wird sogar daraus entnehmen, daß er gar nicht durchzuhalten braucht. Vielleicht erinnern Sie sich noch an ähnliche Situationen aus Ihrer Schulzeit. Hatten Sie nicht auch einen Lehrer, der Ihnen schwierige Hausaufgaben gab und sie am folgenden Tag nicht einmal kontrollierte? Wenn Sie die Hausaufgaben gemacht hatten, fühlten Sie sich betrogen. Ja, Sie *wurden* betrogen, und man stahl Ihnen etwas, was viel wertvoller war als Geld: Die versäumte Kontrolle brachte Sie um die Anerkennung für eine gute Leistung und um ein Erfolgserlebnis. Geschah dies mehr als zweimal, machten Sie einfach Ihre Hausaufgaben nicht mehr. Und die gleiche Regel gilt auch im Geschäftsleben.

Ihre Ratschläge und Empfehlungen müssen praktisch sein. Die Indoktrinierung eines neuen Angestellten sollte nicht in Schikanen ausarten. Außerhalb der Armee gibt es keinen Exerzierplatz. Sie müssen ja nur neue Angestellte zu produktiven Tätigkeiten hinführen.

Das schlimmste Beispiel, das mir in bezug auf sinnlose Empfehlungen je vorgekommen ist, betraf einen einundzwanzigjährigen Angestellten einer Immobilienfirma namens Bobby Hite. Ich lernte ihn kennen, als er an einem von mir geleiteten Verkaufstraining teilnahm. In seinem Drang, Erfolg zu haben, las er mir die Worte förmlich von meinen Lippen ab. An den ersten drei Kurstagen saß er in der vordersten Reihe, und seine Augen glänzten vor Aufregung. Aber am vierten Tag war nur noch sein Körper da, sein

Geist war anderswo. Ich beschloß, ihn nach dem Kurs anzusprechen, um herauszufinden, was geschehen war. Er sagte, er wolle aus dem Verkauf aussteigen, weil die Frustration, jeden Tag mit 100 Leuten zu sprechen, für ihn einfach zu groß sei. Mir kam die Sache fast unglaublich vor, und ich bat ihn, mir seine Aufzeichnungen vorzulegen. Am nächsten Morgen trafen wir uns zum Frühstück, und er präsentierte mir die Namen von 3500 Leuten, bei denen er in den vergangenen sieben Wochen vorgesprochen hatte.

Bobby erzählte mir, die Verkäufer seiner Firma hätten ein Tonband von einem Mann angehört, der seinen Erfolg der Tatsache zuschrieb, daß er jeden Tag 100 Visitenkarten verteilte. Bobbys Manager nahm an, wenn 100 Visitenkarten gut seien, wären 100 Gespräche noch besser. Ich nahm Bobby mit zu seinem Manager, der ein persönlicher Freund von mir war. Nachdem wir die Sinnlosigkeit von 100 Besuchen pro Tag diskutiert hatten, kamen wir überein, daß Bobby jeden Tag zwei Leuten helfen, das heißt, sie in ein sinnvolles Gespräch über den Kauf oder Verkauf von Immobilien verwickeln sollte. Nach 100 Besuchen pro Tag war das ein Kinderspiel. Innerhalb von zwei Jahren entwickelte sich Bobby zu einem der erfolgreichsten Vertreter in ganz Nashville, Tennessee. Das letzte Mal traf ich ihn am Kongreß der National Association of Realtors in New Orleans. Stolz erzählte er mir, er habe im Vorjahr mehr als $ 100 000 verdient. Stellen Sie sich vor, dieses Talent wäre verschwendet, ja durch eine sinnlose Tätigkeit beinahe verschleudert worden.

Nachdem Sie sich vergewissert haben, daß unser Angestellter seine Arbeit und die damit verbundenen Tätigkeiten kennt, ist der nächste logische Schritt auf dem Weg zur Normleistung die Ausbildung. Egal, was wir erwarten, das Leistungsniveau eines Angestellten widerspiegelt ganz genau sein Können. Leider übersehen viele von uns im Management unsere Verpflichtungen in Sachen Ausbildung. Und dafür gibt es vier Hauptgründe:

1. Wir nehmen an, die Leute hätten das notwendige Können, wenn sie in unsere Firma eintreten, da sie oft eine ähnliche Stellung bei einer anderen Firma innehatten, in einer andern Abteilung unserer Firma waren oder gute Schulzeugnisse vorlegen können. Wir nehmen ihr Leistungsvermögen einfach als gegeben an.
   Ich habe oft gehört, wie viele Manager jede Leistungssteigerung verunmöglichten, indem sie sagten: »Wir brauchen keine Schulung. Wir stellen nur Leute mit Erfahrung ein.« Aber die Situationen ändern sich, die Verfahren und Techniken wandeln sich, und das Können von gestern genügt den heutigen Anforderungen nicht mehr vollauf.
2. Niemand hat den Manager geschult. Er stieg dank Talent und persönlicher Disziplin aus den eigenen Reihen auf. Er ist stolz darauf, daß er es aus eigener Kraft geschafft hat. Solche natürlich begabten Menschen finden es frustrierend, wenn sie sehen, wie ein Neuer sich mit einer Aufgabe abmüht, die ihnen schon vollkommen in Fleisch und Blut übergegangen ist. Wie immer auch die Berufsbezeichnung lauten mag, so etwas wie »natürlich« gibt es nirgendwo.

Vor Jahren hörte ich Zig Ziglar sagen, er habe eine Menge Geburtsanzeigen gelesen, und das Neugeborene sei stets Junge oder Mädchen, nie aber Arzt oder Verkäuferin, Manager oder Buchhalterin gewesen. Wer auf irgendeinem Gebiet etwas leistet, wird nicht damit geboren, sondern entwickelt sein Können. Gewisse Menschen sind sicher von Gott mit mehr Talent ausgestattet worden als andere. Einige Athleten haben mehr natürliche Fähigkeiten, gewisse Leute haben mehr Musiktalent als andere, und das gilt für jeden Bereich. Es gibt Menschen, die nie Musikunterricht gehabt haben und nicht Noten lesen können, und doch setzen sie sich ans Klavier, schlagen kurz ein paar Tasten an und spielen dann eine Melodie. Als ich klein war, nannte man das »nach dem Gehör spielen«. Viele Manager erledigen die Aufgaben, mit denen es ihre Angestellten zu tun haben, genauso natürlich, »nach dem Gehör«. Doch leider ist es damit genauso wie mit andern Dingen: Man kann es, oder man kann es nicht; und wenn man es kann, kann man diese Fähigkeit nicht übertragen. Wer das tut, hat eine besondere Begabung. Wir können die Positionen in unserem Unternehmen nicht nur mit derart begabten Leuten besetzen. Es gibt einfach nicht so viele Spezialtalente. Wir müssen – genau wie der Musiklehrer auch – Leute mit so viel Musikgehör finden, daß sie den Klang hören und die Noten lesen können. Und dann müssen wir sie zum Üben anhalten, bis sie es meisterhaft beherrschen.

3. Wir verstehen nicht, was es braucht, um ein Verhalten zu beeinflussen und Fertigkeiten zu entwickeln. Mein engster persönlicher Freund, Fred Miller, ist im Versicherungsgeschäft in Birmingham, Alabama, tätig. Ich verstand nie ganz, warum das Büropersonal in Freds kleinem Unternehmen in

wenigen Jahren so häufig wechselte. Einmal machte mir eine neue Sekretärin einen ganz besonders guten Eindruck. Bei der ersten Gelegenheit ließ ich eine entsprechende Bemerkung fallen und bekam zu meiner Überraschung zu hören, er wolle sie entlassen. Natürlich fragte ich: »Warum?«

»Sie ist dumm!« gab er zurück.

Ich sagte, meiner Meinung nach sei sie super. »Wie kommst du nur auf diese Idee?«

Nun, unter anderem mußte sie auch Kalkulationen durchführen, und sie rechnete alle Zahlen im Kopf aus, während die Rechenmaschine unbenützt neben ihr auf dem Schreibtisch stand.

Ich warf ein: »Fred, sie weiß nicht, wie man die Maschine bedient.«

»Doch!«

»Unmöglich.«

»Sie *weiß,* wie man damit umgeht.«

»Wieso bist du so sicher?«

Beleidigt antwortete er: »Ich habe ihr doch zehn Minuten lang gezeigt, wie man damit umgeht.«

Fred begriff offensichtlich nicht, was es braucht, um eine solche Fertigkeit zu erlernen, oder wieviel Geduld dazu erforderlich ist.

4. In großen Unternehmen, die über eigene Ausbildungsmöglichkeiten verfügen, sind die Manager oft der Ansicht, die Verantwortung für die Ausbildung ihrer Leute obliege nicht ihnen selbst, sondern dieser Abteilung. Sie sehen nicht ein, daß diese interne Ausbildung nicht mehr ist als eine Unterstützung für das Management. Manager können ihre Zeit nicht mit Leuten verbringen, die nicht zu produktiver Arbeit

fähig sind. Die interne Ausbildung sorgt dafür, daß die zunächst unfähigen neuen Angestellten allmählich auf ein Niveau kommen, welches auch den zeitlichen Einsatz des Managements rechtfertigt. Einige Manager zerstören allerdings alles, was diese wertvolle Institution geleistet hat, wenn sie zu einem neuen Angestellten unmittelbar nach abgeschlossener Grundausbildung sagen: »In der Praxis machen wir es anders.« Die interne Ausbildung kann die einzelnen Manager nicht mit einem fertigen Produkt beliefern. Wenn man die Normleistung erreichen und beibehalten will, braucht es sowohl eine Grundschulung (die normalerweise im Klassenzimmer erfolgt) als auch eine Weiterbildung (die, wenn man das so sagen kann, »im Gelände« erfolgt).

Schulung und Ausbildung

Zunächst ist es wichtig, daß Sie den Unterschied zwischen Schulung und Ausbildung verstehen, sonst besteht die Gefahr, daß Sie Ihren Leuten nicht wirklich helfen, ihre Fertigkeiten zu entwikkeln.

Zweck der Schulung ist es, Wissen zu vermitteln. Ein Schulungsprogramm wird danach beurteilt, was ein Teilnehmer am Ende des Kurses gelernt hat. Die Ausbildung dagegen vermittelt kein Wissen, sondern wendet es als Instrument an. Ein Ausbildungsprogramm ist auf Aktivität ausgerichtet, und seine Qualität wird nach dem beurteilt, was die Teilnehmer tun können und tun werden. Ausbildung muß besser organisiert sein als Schulung, weil schlecht organisiertes Wissen zu Verwirrung führt. Und wer verwirrt ist, handelt nicht; deshalb ist ein nicht ganz klar aufgebautes Ausbildungsprogramm zum Scheitern verurteilt.

»Wer es kann, tut es, wer es nicht kann, lehrt.« Haben Sie diese alte Redensart schon einmal gehört? Ich unterrichte auch, und ich habe sie oft gehört. Ich muß zugeben, daß ich sie lange Zeit als echte Beleidigung empfunden habe. Erst in späteren Jahren begann ich allmählich einzusehen, wie wahr diese Aussage ist. In vielen Fällen können die, die lehren, nicht leisten, weil das Können nicht in gleichem Maße wie das Wissen zunimmt. Selbst wenn Ihr ganzes Team aus wandelnden Enzyklopädien besteht, die offenbar alles über Ihr Geschäft oder ihre Arbeit wissen, verfügen sie nicht über ein eigentliches Können, solange sie ihr Wissen nicht in Aktivität umsetzen können. Wir definieren *Können* als »Fähigkeit, Wissen rasch und leicht anzuwenden, um Leistung zu erbringen«.

Ich habe den größten Teil meines Berufslebens damit verbracht, Können aufzubauen. Obwohl ich dieses Können intellektuell begriff, war mir die eigentliche Bedeutung bis vor ein paar Jahren tief in meinem Innersten nicht bewußt.

Ich war schon von Kindesbeinen an ein begeisterter Jäger. Ich wuchs in Alabama auf und ging mit meinem Vater auf die Jagd, seit er mir zu meinem zehnten Geburtstag meine erste Waffe, eine doppelläufige Stevens-Schrotflinte, geschenkt hatte.

Vor vier Jahren schenkte ich diese gleiche Flinte Robert Soto, dem Sohn eines Freundes von mir, ebenfalls zu seinem zehnten Geburtstag. Da der Junge wußte, daß er die Flinte bekommen sollte, versprach ich ihm, ihn auf seine erste Taubenjagd mitzunehmen. Kaum hielt Robert die Flinte in seinen Händen, war er auch schon bereit zum Aufbruch. Ich hielt ihn aber zurück und sagte: »Rob, wenn du ein Gewehr hast, mußt du wissen, wie man richtig damit umgeht. Waffen sind gefährlich; manchmal gehen sie unerwartet los.«

Wir gingen in den Garten hinter dem Haus und übten ohne Munition, wie man die Waffe lädt und wieder schließt, indem man immer am Schaft – *nie* am Lauf – zieht. »Richte den Lauf immer zu Boden und schließe die Kammer, indem du den Schaft, *immer* den Schaft zuklappst.« Der Junge mochte diesen Drill genauso wenig wie ich damals, aber er hielt durch, damit er endlich auf die Jagd gehen konnte.

Später fuhren wir dann ins Taubenrevier, wo sich schon zehn oder zwölf andere Jäger eingefunden hatten. Als wir aus dem Auto stiegen, flogen ein paar Tauben über uns hinweg. Zwei Männer schossen, und jeder traf einen Vogel. Nun holte ich meine eigene doppelläufige Flinte aus dem Kofferraum, öffnete den Verschluß, legte zwei Patronen ein und schloß das Gewehr wieder. Mit einer ohrenbetäubenden Explosion ging es los. In absolutem Horror sah ich, wie die Ladung einem sechs Meter von mir entfernt stehenden Mann zwischen Hals und Gesäß in den Rücken eindrang. Laut schrie er auf: »Ich bin getroffen.« Er legte eine Hand hinter den Kopf und lief los.

Meine Freunde und ich hielten ihn auf und zogen seine Jacke und sein Hemd nach oben, seine Hose und Unterhose nach unten. Aber wir entdeckten nichts, nicht den kleinsten Kratzer. Ich schaute zurück und bemerkte mit Erleichterung, daß ich in den Boden geschossen hatte. Was ihn getroffen hatte, waren nur Abpraller, Dreck und vielleicht ein paar Kieselsteinchen gewesen. Der einzige Grund, weshalb ich diesen Mann nicht umgebracht oder zumindest schwer verletzt hatte, war der, daß mir mein Vater im Alter von zehn Jahren beigebracht hatte, die Flinte stets zu schließen, indem ich am Schaft, nicht am Lauf zog. Hätte ich die

Flinte an jenem Tag falsch geladen, indem ich den Lauf hochgeklappt hätte, wäre der Mann wohl in Stücke gerissen worden. Nun, ich kann Ihnen versichern, daß ich dreißig Jahre nach meiner Grundausbildung bei meinem Vater beim Laden der Flinte nicht »Schaft« gedacht habe. Ich bediente die Waffe instinktiv richtig. Ich hatte eine Fertigkeit entwickelt.

Was ich damit sagen will, ist folgendes: Solange jemand sein Wissen nicht rasch und einfach in einer instinktiven Reaktion anwenden kann, ist er nicht ausgebildet worden. Er hat keine Fertigkeiten entwickelt.

Schulung im Klassenzimmer

Führen Sie, wann immer es geht, die ersten Phasen der Ausbildung in Gruppen durch. Es ist auch wirtschaftlich sinnvoll. Wenn Sie zehn Leute in einer Gruppe haben, bedeutet dies eine Lehrer-(Manager)-Stunde für zehn Stunden Schulung. In vielen Fällen ist der Gruppenunterricht allein schon Gewähr dafür, daß wirklich Ausbildung betrieben wird. Wenn nur ein einziger Angestellter geschult werden soll, übersieht ihn der Manager oft, weil er sich mit irgendeiner Krisensituation befassen muß. Eine Gruppe ermöglicht auch ein Feedback. Die Teilnehmer können ihre Fortschritte untereinander vergleichen.

Eine Unterrichtsstunde beginnt im Kopf des Lehrers. Den Anfang sollte ein einziger Satz bilden, der das zu erreichende Ziel umschreibt. Beansprucht diese Aussage eine halbe Seite oder noch mehr, ist der Erfolg des Unterrichtes in Frage gestellt. Wenn der Lehrer sein Ziel nicht klar und präzise formulieren kann, bedeutet das wahrscheinlich, daß er verwirrt ist und die Gruppe in einen noch schlimmeren Zustand versetzen wird. Dauert der

Unterricht mit einer Gruppe einen ganzen Tag lang, werden Sie wohl mehrere solche Zielformulierungen in jeweils einem Satz brauchen; aber vergessen Sie nicht: Erledigen können Sie nur eine aufs Mal.

Nachdem ich die Unterrichtsformen von Hunderten von Lehrern und Ausbildern studiert habe, kann ich Ihnen nur die eine empfehlen: *Vorbereiten, entdecken, wiederaufnehmen.* Diese Formel strukturiert den Unterricht in drei wichtige Phasen.

Vorbereiten. Wir müssen den Lernenden geistig darauf vorbereiten, daß er den Stoff brauchen wird. Die Leute nehmen nur das absolute Minimum an Informationen auf, das sie benötigen, um ihre Ziele zu erreichen. Wenn der Lernende nicht aufnahmebereit ist, wenn er den Unterrichtsstoff nicht mit einem persönlichen Bedürfnis identifizieren kann, nimmt er nur sehr wenig aus dem Unterricht mit. Zu Beginn jeder Unterrichtsstunde sind drei Arten von Teilnehmern anwesend: diejenigen, die da sind, um etwas zu lernen; ein paar, die Urlaub machen, und meistens auch ein paar Gefangene. Der Lehrer, der seine Leute vorbereiten kann, hat nachher Lernende vor sich.

Entdecken. In der zweiten Unterrichtsphase vermitteln Sie das Wissen, das zum Erlernen bestimmter Fertigkeiten notwendig ist. Wenn der Lehrer diese Phase wirkungsvoll gestalten kann, wird sie zu einer wahren Entdeckung, zu einem Aha-Erlebnis für die Teilnehmer. Die Unterrichtsmethoden sind in den letzten Jahren ganz schön raffiniert geworden; die Methode »Zeigen und Erklären« funktioniert aber immer noch am besten. Die Leute lernen am schnellsten, wenn sie etwas vorgeführt und erläutert bekommen.

Wiederaufnehmen. Hier, wo der Übergang von der Schulung zur Ausbildung erfolgt, versagen die meisten Lehrer. Die Wiederaufnahme soll den Studenten praktische Erfahrungen vermitteln. Diese Phase verlangt eine maximale Beteiligung der Lernenden. Zu den häufigsten Methoden gehören Drillübungen, Rollenspiele und Fallstudien. Die Wiederaufnahme vermittelt den Lernenden ein Sprungbrett für ihre ersten zittrigen Flugversuche.

Sorgen Sie für die richtige Atmosphäre. Viele Trainer sabotieren sich beim Versuch der Wiederaufnahme selber. Die Beteiligung der Lernenden erfordert, daß man die Vorzüge, nicht die Fehler sucht. *Bestrafen Sie den Lernenden nicht.* Lehrer machen oft den Fehler, daß sie die Wiederaufnahme nur zur Kontrolle benützen, ob die Lernenden alles richtig verstanden haben. Die Wiederaufnahme muß aber ein Feedback erzeugen, damit die Lernenden merken, was sie alles wissen.

Sehen Sie über Fehler hinweg, und loben Sie Fortschritte. Zunächst sind wir ja auf den Fortschritt bedacht. Die Perfektion kommt später. Ausbildung in einer Umgebung, in der das Gute gesucht wird, scheint beinahe gegen die menschliche Natur zu sein, die uns eingibt, wir sollten die Schwächen eines Menschen beseitigen, dem wir helfen wollen, sich zu verbessern. Aber dieses Vorgehen bringt es mit sich, daß wir negative Kritik vorbringen. Zahllose Lehrer sind mit dem Buschmesser auf die Lernenden losgegangen, haben deren Schwächen weggeschlagen und die Leute dann in Perfektion verbluten sehen. Fortschritt und Verhaltensänderung erreicht man nur, wenn man die Stärken vermehrt. Dann verblassen die Schwächen von selbst. Im Unterrichtszimmer ist kein Platz für Spott, Sarkasmus oder negative Kritik. Es braucht eine Atmosphäre, in der anfängliche Fehler toleriert werden. Alles, was wert ist, gemacht zu werden, darf eine Zeitlang schlecht getan werden. Sorgen Sie dafür, daß Ihr Schulungsprogramm Vertrauen aufbaut. Wenn Sie über Fehler hinwegsehen und Fortschritte loben, bauen Sie Vertrauen auf.

Vor mehreren Jahren las ich von einem Experiment an einer größeren Universität, das die Auswirkungen von positiver und negativer Kritik in der Ausbildung untersuchen wollte. Ein Kurs, in dem leitende Angestellte lernen konnten, wie man ein Protokoll verfaßt, wurde in zwei Gruppen vom gleichen Professor geführt. In beiden Gruppen präsentierte er zuerst die notwendigen Grundlagen und ließ die Teilnehmer dann ein Protokoll schreiben. Anschließend kritisierten die Gruppen diese Protokolle. In der einen Gruppe ließ der Professor nur positive Kritik zu. In der anderen Gruppe, wo die Kritik in keiner Weise eingeschränkt war, hörten die Teilnehmer mehr über ihre Fehler als über das, was sie gut gemacht hatten. Wo nur positive Kritik erlaubt war, bekamen die Teilnehmer nur Lob für ihre Fortschritte zu hören. Als der Kurs nach einem Monat beendet war, fühlten sich die Teilnehmer, die nur immer von ihren Fehlern gehört hatten, wesentlich unsicherer und gehemmter als bei Kursbeginn. Die andern hingegen, die nur gelobt worden waren, hatten ihre Fertigkeit um ein Vielfaches gesteigert.

Manchmal hat man dennoch das Gefühl, man müsse irgendwo auch auf Fehler hinweisen. Fragen Sie in diesem Fall: »Wenn Sie das gleiche nochmals machen müßten, was würden Sie anders machen?« Wenn der Stoff in der Entdeckungsphase richtig präsentiert worden ist, wird Ihnen jeder jeden Fehler nennen, den er begangen hat. Wenn die Leute ihre eigenen Fehler erkennen, läßt sich diese negative Fehlerjagd vermeiden. Das Ego des Lernenden kann Selbstkritik vertragen; Kritik von andern aber wird im schlimmsten Fall als Spott, im besten Fall als Rüge aufgenommen.

Denken Sie daran: Bestrafen Sie nie einen Lernenden. Rügen Sie nur, wenn das gewünschte Verhalten zuvor vorgeführt worden ist.

Praktische Ausbildung »im Gelände«

Die Grundschulung ist allerdings erst der Anfang. Unabhängig vom Geschäfts- oder Industriezweig muß jeder Manager eine ständige Weiterausbildung »im Gelände« zu einem festen Bestandteil seines Lebens machen. Ein Freund erzählte mir, einer seiner Professoren pflege die angehenden Ärzte mit folgenden Worten zu begrüßen: »Ich werde Ihnen einen Monat lang beibringen, wie man Unterleibsoperationen durchführt – und Ihnen dann dreieinhalb Jahre lang zeigen, was zu tun ist, wenn etwas schiefgeht.«

Räumen Sie dem Begriff »im Gelände« eine breite Bedeutung ein. Die Weiterbildung findet während der Arbeit statt: Das »Gelände« der Empfangsdame ist der Empfang, das des Mechanikers die Garage, das des Buchhalters die Bücher der Klienten, das des Verkäufers das Büro des Kunden, das der Krankenschwester die Klinik. Das »Gelände« ist überall dort, wo ein Angestellter arbeitet.

Wir als Manager haben in erster Linie die Aufgabe, einen neuen Angestellten von seinem Leistungsniveau bei Stellenantritt auf die Normleistung zu bringen und ihn dort zu halten. Diese Norm, in der die drei Faktoren zur Beeinflussung des Verhaltens enthalten sind – Voraussetzungen, Handlung und Ergebnisse –, liefert uns auch ein einfaches, aber sehr wirkungsvolles Modell für die Weiterbildung:

Voraussetzungen. Sie dienen als Richtlinie und Standard für zukünftige Handlungen.

Die wichtigste Voraussetzung für die praktische Weiterausbildung ist »Zeigen und Erklären«. Der Ausbildungsleiter sollte den Lernenden beobachten lassen, wie eine Arbeit gemacht wird, und ihm dann erklären, wie sie gemacht wurde. Dann muß er ein paar Fragen stellen, um sich zu vergewissern, daß der Lernende die Vorgänge auch begreift. Falls notwendig, muß der Ablauf so lange wiederholt werden, bis der Lernende ihn verstanden hat.

Handlung. Das, was ein Angestellter tut oder sagt.

Geben Sie dem Lernenden eine Gelegenheit, sich einmal an der Aufgabe zu versuchen, während er beobachtet wird. Zeigen und Erklären sind nur Teil der Schulung, bis der Lernende die Arbeit aus eigener Erfahrung kennt.

Ergebnisse. Die Folgen der Handlung.

Positive Bestärkung in Form von Komplimenten und Anerkennung einer Leistung veranlaßt Leute, ihre Handlung zu wiederholen. Bestrafen Sie den Lernenden *nie,* weder im Schulzimmer noch in der praktischen Ausbildung. Sorgen Sie dafür, daß er in seinem Verhalten bestärkt wird, indem Sie ihn für seine Fortschritte loben. Dieses Vorgehen ist dann zu wiederholen, bis der neue Angestellte ein akzeptables Leistungsniveau erreicht.

Die Ausbildung »im Gelände« ist dann wirksam, wenn der Lernende das erwünschte Verhalten an den Tag legt und darin bestärkt wird. Die meisten Manager finden dieses Vorgehen aber viel zu zeitraubend. Wir leben in einer Gesellschaft, in der alles blitzschnell erledigt werden muß. Wenn es um die Erhöhung der Produktivität geht, ist eine solche »Windeseile« aber unangebracht. Der Wunsch nach einer Blitzlösung drängt uns dazu, auf Fehlersuche zu gehen. Wenn man aber Leuten helfen will, Fertigkeiten zu entwickeln, erfordert das Wissen, Verständnis und Geduld.

Als ich noch ein Junge war, hielten wir ein Huhn als Haustier. Mein Vater brachte ihm bei, aus seinem Käfig in einen andern zu gehen und dort mit dem Schnabel auf einen Knopf zu drücken, um Futter zu bekommen. Ich wette, Sie wissen, wie er das geschafft hat. Richtig: Er legte vom einen zum andern Käfig eine Körnerspur bis hin zum Knopf. Nach einer gewissen Zeit wußte das Huhn, wie es den Knopf erreichen konnte, der Futter verhieß. Das Federvieh wurde in seinem Verhalten bestärkt, indem es auf dem ganzen Weg Futter bekam.

Im Geschäftsleben tun wir genau das Gegenteil. Der eilige Manager legt keine Körner aus, sondern setzt die Seitenwände der Käfige unter Strom. Wenn wir jemanden – sei es nun ein neuer Angestellter oder nur ein Huhn – bestrafen, indem wir ihm mit Hilfe von elektrischen Schlägen ein negatives Feedback verabreichen, zieht sich der Lernende zurück. Negative Bestätigung hemmt und veranlaßt den Lernenden, seine Handlung abzubrechen.

Gefahren für Lust und Fähigkeit

Ich sagte früher, der dritte Grund, warum Leute nicht auf Leistung kommen, bestehe darin, daß jemand oder etwas ihre Lust oder Fähigkeit beeinträchtige, ihre Arbeit zu verrichten. Einige dieser Störfaktoren sind außerhalb unseres Einflußbereichs: schwere

Krankheiten, Eheprobleme oder der Tod einer nahestehenden Person zum Beispiel.

Es sind fünf Gruppen von Menschen, die den Leistungswillen eines Menschen zerstören können: Arbeitskollegen, Verwandte, Freunde, Kunden und Manager. Nehmen wir uns diese Übeltäter der Reihe nach vor:

Arbeitskollegen. Die Arbeitskollegen können einem neuen Angestellten das Leben recht schwer machen, vor allem, wenn sich innerhalb des Teams gehässige kleine Gruppen bilden. Versuchen Sie, Schikanen zu vermeiden, indem Sie jedem Neuen einen erfahrenen Angestellten zuweisen, der ihm am Anfang hilft, sich zurechtzufinden, ihm zeigt, wo die Formulare liegen, wer die andern Leute sind und wie sie heißen, wie der Betrieb läuft etc.

Leider gibt es Manager, die immer wieder den gleichen Angestellten mit dieser Aufgabe betrauen, und dadurch schaffen sie natürlich neue Machtkonstellationen. Achten Sie auch darauf, daß Sie dem Neuen immer einen Angestellten von vergleichbarem Rang zur Seite stellen.

Freunde. Auch sie können den Leistungswillen eines neuen Angestellten untergraben. Diesem ist nämlich überhaupt nicht geholfen, wenn ein Freund zu ihm sagt: »Ach, komm schon, heute kannst du doch Tennis spielen.« Oder wenn er ihm angesichts der Mappe voller Akten, die der Neue zu Hause über Nacht studieren muß, vorwirft: »Du bist doch verrückt, so viel Arbeit nach Hause zu nehmen, und dabei habe ich hier zwei Karten für das Baseballspiel heute abend.«

Sie können die Freunde Ihrer Angestellten nicht zitieren und sie daran hindern, den Tatendrang Ihres neuen Angestellten zu hemmen. Aber Sie können dem Neuen helfen, sich zu wappnen. Ich kenne einen Manager, der zu jedem neuen Angestellten sagt: »Sie und ich wissen, daß es in den ersten paar Monaten bei dieser Arbeit volle Konzentration braucht. Wir beide wissen es, aber Ihre Freunde vergessen es vielleicht. Ich garantiere Ihnen, daß der eine oder andere versuchen wird, Sie davon abzuhalten, Ihr Bestes zu geben.«

Und dann läßt er den Neuen raten, wie oft dies innerhalb einer bestimmten Frist geschehen wird. Wenn aus einer ernsthaften Versuchung ein Anreiz gemacht wird abzulehnen, dann trifft es einen nicht mehr so hart, wenn man einem Vergnügen den Rükken zuwenden muß. Und der Neue wird sich dann auch seiner inneren Stärke bewußt.

Kunden. Kunden können bei einem neuen Angestellten die Lust zu leisten ebenfalls beeinträchtigen, indem sie seinen Glauben an seine Firma und deren Produkte zerstören. Angestellte, die mit Kunden Kontakt haben, entweder, um mit ihnen ins Geschäft zu kommen, oder, um eine Dienstleistung zu erfüllen, geraten bestimmt auch an Leute, die sie irgendwie ablehnen. Ein Vertreter, der ins Geschäft kommen will, muß vielleicht erleben, daß sein potentieller Kunde sein Produkt unvorteilhaft mit einem Produkt der Konkurrenz vergleicht. Und wer in einer Serviceabteilung arbeitet, wird in der Regel gerufen, um unzufriedene Kunden zu beruhigen. Erfolgen diese Kontakte, bevor der neue Angestellte stark an seine neue Firma glaubt, ist sein Leistungswille gefährdet.

Familie. Der nächste Störenfried erwartet den neuen Angestellten vielleicht in seinem Haus. Ein junger Mann hat sich gründlich auf dem Arbeitsmarkt umgesehen und beschlossen, in den Verkauf einzusteigen. Überglücklich über seine Zukunftsaussichten eilt er nach Hause, um die Neuigkeit der wichtigsten Person in seinem Leben mitzuteilen: »Mama, ich arbeite jetzt als Vertreter auf Provisionsbasis und kann dreißigtausend Dollar im Jahr verdienen!« Antwort: »Warum siehst du dich nicht nach einem richtigen Job um?«

Familienmitglieder glauben oft, ein akademischer Abschluß sei allein schon Garantie für eine Position in der Chefetage. Seinem Sohn, der begeistert von den Aufstiegsmöglichkeiten in seiner jetzigen Stellung erzählt, hält der Vater trocken entgegen: »Gut, aber was für Garantien hast du, daß du nicht ewig auf diesem komischen Posten sitzenbleibst?«

Eine verheiratete Frau steigt wieder ins Berufsleben ein. Ihr Gatte freut sich zunächst riesig über das zusätzliche Einkommen. Wenn seine Frau dann aber plötzlich mehr Erfolg hat als er, empfindet er das als Bedrohung seiner Männlichkeit und tut alles, um sie an einer weiteren Karriere zu hindern.

Sie werden selten mit den Familienangehörigen in Berührung kommen, der Kontakt erfolgt meistens über Ihren neuen Angestellten. Doch Sie haben in vielen Fällen die Möglichkeit, ihn mit schriftlichen oder mündlichen Informationen auszustatten, die die Familienzweifel zerstreuen. Nehmen Sie zur Kenntnis, daß sich seine Familienangehörigen Sorgen machen, und es wird ihm viel leichter fallen, mit Ihnen über dieses Problem zu sprechen und sich bei Ihnen Rat zu holen.

Wenn sich ein Lebenspartner bedroht oder vernachlässigt fühlt, ist es am besten, diesen in den Erfolg Ihres oder Ihrer Angestellten mit einzubeziehen. Benützen Sie jede Gelegenheit, um ihr oder ihm für die Unterstützung zu danken. Je schneller Sie dies tun können, desto besser. Warten Sie nicht, bis Gewitterwolken aufziehen. Die alte Weisheit »Vorbeugen ist besser als heilen« verliert auch hier nichts von ihrer Gültigkeit.

Der Manager. Dieses ganze Buch handelt ja von diesem größten aller Übeltäter. Wenn wir einer der 13 Todsünden zum Opfer fallen, beeinträchtigen wir die Lust und die Fähigkeit unserer Angestellten, etwas zu leisten. Seien Sie auf der Hut – versäumen Sie es nicht, Ihre Leute zu schulen und auszubilden. Benützen Sie die Tabelle 11, um Ihre jetzige Lage zu überblicken.

Tabelle 11

Schulungs- und Ausbildungssituation

In welchen Bereichen müssen meine neuen Angestellten noch auf ihre Normleistung kommen?	Was kann ich dazu beitragen?
In welchen Bereichen brauchen meine alten Angestellten Hilfe, um ihre Normleistung beizubehalten?	Was kann ich dazu beitragen?

AKTIONSPLAN
um die Todsünde Nr. 10 zu vermeiden, indem Sie Ihre Angestellten schulen und ausbilden

Eines der Mittel, die die Fortune-Gruppe erfolgreich anwendet, ist der Fortune-Aktionsvertrag. Nach jedem Kurs lassen die meisten Firmen ihre »Studenten« einen solchen Vertrag zur Nachkontrolle ausfüllen.

Wir legen Ihnen hier ebenfalls einen Vertrag für dieses Programm vor.

Anweisungen zum Ausfüllen des Aktionsvertrages

1. Notieren Sie unter Punkt 1 den wichtigsten Gedanken, den Sie im Verlauf dieser Sitzung gehabt haben.

2. Notieren Sie unter »Das werde ich daraus machen«:

   A Was Sie tun wollen.
   B Wann Sie es tun wollen.
   C Mit wem Sie es tun wollen.

3. Welchen Vorteil wird es für Sie haben, wenn Sie diesen Gedanken verwirklichen?

4. In unseren Sitzungen geben wir der Gruppe eine einminütige Vorbereitungspause, während der jeder Teilnehmer einen Vertrag mit seinem Nachbarn, mit einem andern Kursteilnehmer, mit der Person, die ihm den Kursbesuch ermöglicht hat, oder mit seinem Manager abschließt. Wir schlagen vor, daß auch Sie sich eine entsprechende Person aussuchen.

   A Sagen Sie dieser Person, was Sie tun wollen.
   B Sagen Sie ihr, wie Sie es tun wollen.
   C Sagen Sie ihr, welche Vorteile für Sie damit verbunden sind.

5. Vergessen Sie auf keinen Fall, das Datum des Vertragsabschlusses und das Datum der Nachkontrolle für die Person, mit der Sie diesen Vertrag abschließen, einzutragen.

Fortune-Aktionsvertrag

Weil ich das Gefühl habe, dies sei der wichtigste Gedanke, der mir beim Lesen dieses Kapitels gekommen ist, verpflichte ich mich hiermit, ihn in den nächsten sieben Tagen umzusetzen.

1. Dies ist der wichtigste Gedanke, den ich diesem Kapitel entnommen habe und den ich persönlich anwenden kann:

____

____

____

2. Das werde ich daraus machen:

____

____

____

3. Was ich gewinne, wenn ich ihn anwende:

____

____

____

4. Jemand, mit dem ich diese Gedanken teilen kann:

____

____

____

Datum des Vertrages: ______________________________

Kontrolldatum: ______________________________

Todsünde Nr. 11

Nachlässigkeit dulden

In Kapitel 10 haben wir den ganzen Management-Komplex auf zwei ganz spezielle Aufgaben reduziert: das Leistungsniveau unserer Angestellten bei ihrem Eintritt auf Normleistung steigern und diese Normleistung konstant halten, sobald sie erreicht ist.

Im Zusammenhang mit der Ausbildung unserer Angestellten habe ich darauf bestanden, von Bestrafungen abzusehen. Ich habe empfohlen, einen Angestellten nie zu rügen, bevor ihm das erwünschte Verhalten nicht demonstriert worden ist. Wenn Sie sich die Merkmale des wirklich erfolgreichen Managers ansehen, werden Sie ausnahmslos feststellen: *Erfolgreiche Manager dulden keine Nachlässigkeit.*

Dulden Sie keine Nachlässigkeit

Wie leicht sehen wir über eine mangelhaft ausgeführte Arbeit hinweg, wenn wir nachlässig werden und den leichten Weg einschlagen. Wir Manager gehen aus verschiedenen Gründen in diese Falle:

Weil wir das Bedürfnis haben, beliebt zu sein, und dieses Bedürfnis am Arbeitsplatz befriedigen wollen.

Weil wir hoffen, das Problem löse sich von selbst, wenn wir uns nicht darum kümmern.

Weil wir nicht bereit oder imstande sind, unsere Leute zu stellen.

Das Bedürfnis, beliebt zu sein. Wir alle brauchen das Gefühl, beliebt zu sein oder gar geliebt zu werden. Kein Mensch ist so vollkommen unabhängig, daß er nicht will, daß andere Menschen ihn mögen; an seinem Arbeitsplatz muß sich der Manager aber für Respekt entscheiden. Wer unbedingt beliebt sein und geliebt werden muß, wird seine Aufgabe niemals effizient erledigen können.

Halten Sie einen Augenblick inne, und denken Sie über die Leute nach, für die Sie gearbeitet haben. Überlegen Sie sich, wer von ihnen wohl der effizienteste Manager war. Ordnen Sie ihm dann eine Bewertung zwischen 1 und 10 zu, wobei 1 »umgänglich« und 10 »bestimmt« bedeutet.

Verschiedene Studien haben ergeben, daß die meisten Leute ihren besten Managern ungefähr den Wert 7,9 zuordnen und sie als bestimmt und gerecht bezeichnen. Aus dieser Kombination von Bestimmtheit und Gerechtigkeit erwächst der Respekt, den die Angestellten ihm entgegenbringen.

Wenn ein Manager sein Bedürfnis nach Beliebtheit und Liebe über seine Verantwortlichkeiten stellt, macht er sich zu einem Schwächling, der unannehmbares Verhalten duldet und für ungenügende Leistungen jede Ausrede gelten läßt. Er tut dies, weil er Angst hat, als Leuteschinder verschrien zu werden. Glauben Sie mir, es gibt einzelne unter Ihren Angestellten, die einen liebesbedürftigen Schwächling von Manager auf Anhieb erkennen und sich in überraschend kurzer Zeit eine Position unter seinen Fittichen ergattern können. Andere Angestellte, die normalerweise nicht unbedingt auf eine solche Situation aus sind, werden einer so naheliegenden Versuchung auch nur schwer widerstehen können. Holen Sie sich also Ihre Beliebtheit und Liebe außerhalb des Büros; Ziel des erfolgreichen Managers ist es, respektiert zu werden. Lassen Sie es nicht zu, daß das Management zu einem Beliebtheitswettbewerb ausartet.

Das Problem, das sich von selbst löst. In anderen Fällen hoffen wir einfach, daß sich das Problem von selber wieder löst. Wir erachten Abweichungen im Verhalten, ohne das die Normleistung nicht erbracht werden kann, als momentane Konzentrationsschwächen oder unbedeutende Unannehmlichkeiten.

Konfrontationen meiden. Der dritte Grund, daß wir Nachlässigkeiten dulden, rührt daher, daß wir nie die Fähigkeit oder die Bereitschaft entwickelt haben, andere Leute zu stellen. Dieses Problem ist vorwiegend eine Frage der Konditionierung; wir alle haben in unserer Vergangenheit Konfrontationen erlebt. Wir haben Erinnerungen an Eltern, Lehrer, ineffiziente Manager oder andere Leute, die sich uns entgegenstellten, aber diese Konfrontationen haben uns nicht geholfen. Sie bewirkten nicht, daß wir unser Verhalten zum Bessern änderten; wir handelten genau gleich wie zuvor, nur kam jetzt noch Verärgerung und Verbitterung hinzu.

Jene Konfrontationen mit Eltern, Lehrern oder Managern erwiesen sich als kontraproduktiv, weil die Autoritätspersonen diese Situationen nicht richtig in der Hand hatten. Es braucht viel Können und ein gutes Zeitgefühl, wenn man in Fällen von Nachlässigkeit richtig handeln will. Mit jedem Mal, wo wir ein Abweichen vom annehmbaren Verhalten dulden, verstärkt sich diese Abweichung, und schließlich wird die Lücke so groß, daß wir sie nicht länger übersehen können und gezwungen sind, den betreffenden Angestellten zu stellen. Inzwischen ist dieses abweichende Verhalten zu einem tüchtigen Reizmittel geworden. Wir reagieren mit Gefühlsausbrüchen. *Suchen Sie nie eine Konfrontation im Ärger.* Wenn wir aufgebracht sind, greifen wir nur allzugern den Menschen an, statt uns auf eine Diskussion über sein Verhalten am Arbeitsplatz zu beschränken.

Und dann geschieht folgendes: Ein Manager erwartet von seinem Außendienstmitarbeiter, daß er sich am Montag, Mittwoch und Freitag im Büro meldet. Nun taucht der Vertreter an einem Mittwoch nicht auf, und der Manager erwähnt das Versäumnis bei der Freitagsbesprechung mit keinem Wort. Zwei Wochen später erscheint der Angestellte am Montag nicht, und in der folgenden Woche läßt er gleich Montag und Mittwoch aus. Wenn er dann am Freitag das Büro betritt, begrüßt ihn der Manager mit den Worten: »Waren Sie im Urlaub, Mann? Wo zum Kuckuck waren Sie?« Und damit ist es aus! Der Manager hat jede Chance auf ein produktives Gespräch vertan.

Ein anderer Manager läßt es zu, daß eine Sekretärin ihre Mittagspause Tag für Tag um zwanzig Minuten verlängert. Plötzlich explodiert er: »Wie kommen Sie eigentlich auf die Idee, dies hier sei eine Teilzeitstelle?« Wiederum wird ein produktives Gespräch unmöglich sein.

Ein dritter Manager erwartet den wöchentlichen Bericht einer Angestellten. Nach einem guten Monat fährt er sie an: »Haben Sie eigentlich überhaupt kein Verantwortungsbewußtsein?« Auch in diesem Fall ist es aus!

Wenn eine Konfrontation positiv verlaufen soll, muß der Manager rasch handeln, bevor das Problem immer größer wird. Wenn Sie zum ersten Mal eine Nachlässigkeit entdecken, die ernsthafte Ausmaße annehmen könnte, dürfen Sie sich auf keinen Fall eine Notiz für Ihre Pendenzenmappe machen, sondern *Sie müssen den betreffenden Angestellten sofort stellen.*

Es geht nicht um Strafen

Wenn Sie sich Ihre Angestellten nicht zum Feind machen wollen (und wozu sollte das gut sein?), dürfen Sie aus einer Konfrontation keine Strafexpedition werden lassen; Sie dürfen die Konfrontation auch in keinem Fall nur um der Nachlässigkeit willen suchen. Bewahren Sie eine breitere Perspektive: Wenn Sie bei Ihren Angestellten das gewünschte Verhalten durchsetzen und noch verbessern können, ist das für Sie und für Ihre Angestellten von Vorteil. Die nachstehenden Empfehlungen werden Ihnen helfen, Ihre Angestellten nicht zu bestrafen, sondern deren Verhalten positiv zu beeinflussen.

Suchen Sie nie eine Konfrontation im Zorn. Wir haben bereits gesehen, welchen Schaden dies am Arbeitsplatz anrichten kann. Wenn der Manager solche Gefühlsausbrüche zeigt, löst er in der Regel beim Angestellten eine ähnliche Reaktion aus. Unter diesen Bedingungen wird er gar nicht hören, was der Manager sagt, weil er viel zu sehr mit seiner Verteidigung beschäftigt ist. Wenn ein Manager auf diese Weise seine Selbstbeherrschung aufgibt, fangen seine Leute an, den Respekt vor ihm zu verlieren. Bald schon wird es heißen, er sei launisch, und dann sehen seine Angestellten das Motiv für die Konfrontation in seinen Launen und nicht in irgendeiner eigenen Nachlässigkeit.

Suchen Sie die Konfrontation sofort. Wenn Sie sie hinausschieben, riskieren Sie nur, die Situation zu verschlimmern. Stellen Sie die betreffende Person, bevor es zu weiteren Nachlässigkeiten kommt, und bringen Sie die Angelegenheit in Ordnung. Sie werden es viel leichter haben, als wenn Sie später versuchen müssen, ein größeres Problem zu lösen.

Beschwerdeverfahren und Bestimmungen von Firma, Gewerkschaft oder Regierung haben unter Umständen Einfluß auf den Zeitpunkt und die Art, wie Sie gegen Nachlässigkeit vorgehen können, und in Ihrer Branche gibt es vielleicht Regeln, die von anderen abweichen. Halten Sie sich an sie, und versuchen Sie, die Angelegenheit so rasch wie möglich in Ordnung zu bringen.

Konfrontieren Sie Ihre Angestellten unter vier Augen. Rügen Sie einen Angestellten *niemals* öffentlich. Im Irrglauben, wenn sie einen Angestellten in Anwesenheit aller andern rügten, müßten sie nicht alle rügen, haben einige Manager diese Taktik ausprobiert. Doch dieser Schuß geht sehr oft nach hinten los.

Wenn ein Angestellter auf diese Weise gerügt wird, fassen das seine Arbeitskollegen nicht als Angriff gegen den einzelnen, sondern als Angriff gegen das ganze Team auf. Sogar diejenigen, die sich zuvor in keiner Weise mit diesem einzelnen identifiziert haben, scharen sich nun um ihn, weil es einfach in der Natur des Menschen liegt, die Partei des Unterlegenen zu ergreifen. Und nun befindet sich der Manager in der wenig beneidenswerten Lage, daß er sich alle zum Feind gemacht hat.

Überlegen Sie sich gut, wann und wo Sie eine Rüge erteilen. Sorgen Sie nicht nur dafür, daß es unter vier Augen geschieht, sondern sorgen Sie auch dafür, daß niemand anders auch nur davon erfährt. Erledigen Sie solche Angelegenheiten nicht immer in Ihrem Büro, und schließen Sie die Bürotür nicht nur dann, wenn Sie einen Angestellten rügen, sonst signalisieren Sie klar und deutlich, daß wieder jemand »vorgeladen« worden ist.

Laden Sie Ihre Angestellten nie mit einer schriftlichen Notiz zu solchen oder auch andern Gelegenheiten vor. Auch wenn es in keiner Weise um eine Rüge geht, versetzen solche Zettel den Angestellten in Unruhe. Er fragt sich zuerst: *»Was habe ich falsch gemacht?«*, und seine Besorgnis wird die Kommunikation schwer beeinträchtigen.

Äußern Sie sich spezifisch. Kommen Sie bei einem Gespräch unmittelbar auf das fehlerhafte Verhalten zu sprechen, und machen Sie nicht alles zunichte, indem Sie Ihren Angestellten allgemein angreifen. Sagen Sie also beispielsweise nicht: »Sie verschwenden Ihre Zeit«, sondern »Ihr Bericht kommt einen Tag zu spät.« Diese Aussage kann Ihr Angestellter mit seinem Verhalten in Zusammenhang bringen und sich dementsprechend ändern; mit allgemeinen Vorwürfen aber kann er nichts anfangen. Vage Äußerungen betreffend Haltung, Persönlichkeit und Intelligenz erzeugen Unmut.

Verwenden Sie Unterlagen. Untermauern Sie Ihre Aussagen mit Fakten, und lassen Sie Zahlen für sich sprechen. Die notwendigen Informationen sollten leicht zu beschaffen sein, wenn Sie die Leistung nach Qualität, Quantität, Rechtzeitigkeit und Kosten gemessen haben. Angestellte, die diese Zahlen immer erhalten, wissen genau, wie es um sie steht; gewähren Sie ihnen also Einblick in diese Zahlen. Wenn Sie mit beidseits bekannten Tatsachen operieren, ist es leichter, sich auf die Leistung zu konzentrieren und von Persönlichem abzusehen. Arbeiten Sie mit diesem wichtigen Instrument, damit sich Ihr Angestellter positiv ändert und Sie auf eine Entlassung verzichten können.

Drücken Sie sich klar aus. Wenn Sie einen Angestellten rügen müssen, sorgen Sie dafür, daß er auch weiß, daß er sich eine Rüge eingehandelt hat. Lassen Sie ihn spüren, was Sie dabei fühlen, zeigen Sie ihm Ihre Besorgnis und Frustration, und teilen Sie ihm mit, weshalb sein Verhalten bei Ihnen diese Gefühle auslöst. Verbinden Sie aber nie eine Rüge mit einem Kompliment. Wenn Sie versuchen, die Rüge mit einem Zückerchen etwas zu versüßen, stiften Sie nur Verwirrung. Sagen Sie also nicht: »In der vergangenen Woche haben Sie 20 Prozent weniger Kunden besucht. Sie müssen unbedingt mehr Besuche machen. Ich weiß, daß Sie das können, denn Sie sind ein guter Vertreter.« Was wollen Sie nun eigentlich sagen? Vielleicht meint dieser Vertreter sogar, Sie hätten ihm ein Kompliment für seine Arbeitshaltung gemacht.

Geben Sie neue Richtungsanweisungen. Wenn Sie von unerwünschtem Verhalten sprechen und Ihrem Angestellten keine neuen Richtungsanweisungen geben, indem Sie nochmals klar erläutern, was Sie von ihm wollen, verfehlt die Rüge ihren Zweck. Dann haben Sie Ihren Angestellten lediglich bestraft, ohne seine Handlung zu korrigieren. Erwähnen Sie ganz spezifisch, welches Verhalten Sie erwarten, und vergewissern Sie sich, daß er *wirklich* begreift, was Sie wollen. Verlangen Sie von ihm eine klare und verpflichtende Antwort, in der er nicht nur sagt, was er tun wird, sondern auch eine Frist angibt, in welcher die Besserung zu erkennen sein wird.

Nachfassen. Beenden Sie das Gespräch, und kommen Sie nur noch darauf zurück, indem Sie den Angestellten nochmals an das erwünschte Verhalten erinnern. Es ist jetzt sinnlos, ihm immer wieder seine Fehler unter die Nase zu reiben. Beobachten Sie ihn, wenn er etwas richtig macht, und sorgen Sie dafür, daß er sich über seine Leistungen freuen kann.

Wie man ein Konfrontationsgespräch führt

Ein effizientes Konfrontationsgespräch führen ist nicht leicht. Die entsprechende Fertigkeit kann nur entwickeln, wer genau versteht, wie es ablaufen muß. Dieselben Worte sind nie für alle Situationen passend, aber es gibt doch gewisse Anhaltspunkte, die allgemein nützlich sein dürften. Die folgenden Tips helfen Ihnen, ein solches Gespräch vorzubereiten und dabei die eben besprochenen Grundsätze einzuhalten. Durch Anwenden und Üben der folgenden Schritte können Sie die Fertigkeit, ein Konfrontationsgespräch zu führen, vervollkommnen.

Was Erwähnen Sie das spezifische Verhalten, das Sie beobachtet haben.

Wie Sagen Sie, was für Gefühle es in Ihnen auslöst.

Warum Sagen Sie, warum Sie diese Gefühle empfinden. Sprechen Sie die Bedürfnisse, die Ziele und den Stolz des

Angestellten an, erwähnen Sie aber Ihre eigenen Bedürfnisse nicht.

Die ersten drei Schritte betreffen das unerwünschte Verhalten des Angestellten. Die nächsten drei Schritte sollen sein Handeln in eine neue Richtung lenken.

Holen Sie seine Meinung ein. Vergewissern Sie sich, daß sich der Angestellte der Bedeutung der Situation bewußt ist.

Einigen Sie sich auf das weitere Vorgehen. Lenken Sie sein Verhalten wieder in die gewünschte Richtung. Legen Sie eine Frist fest, in welcher die Korrektur zu erfolgen hat.

Bestärken Sie ihn im erwünschten Verhalten. Anerkennen Sie seine Leistung, notfalls sogar in aller Öffentlichkeit.

Spielen wir ein Beispiel durch. Nehmen wir an, Sie beobachten, daß Linda, die den Kundendienst betreut, zu spät zur Arbeit kommt. Dies ist der Augenblick für Management unter vier Augen. Nehmen Sie Linda beiseite, und stellen Sie einfach fest, *was* Sie beobachtet haben.

»Linda, ich habe gesehen, daß Sie heute morgen zwanzig Minuten zu spät zur Arbeit gekommen sind.«

Linda weiß, daß sie zu spät war; jetzt weiß sie, daß Sie es wissen. Sie haben einfach eine Feststellung bezüglich ihres Verhaltens gemacht. Sagen Sie Linda nun, was diese Beobachtung in Ihnen für Gefühle auslöst: Frustration, Verwirrung, Besorgnis oder einfach Neugier. Eine Reaktion, die praktisch jedermann akzeptiert: Sie sind beunruhigt.

»Linda, ich habe gesehen, daß Sie heute morgen zwanzig Minuten zu spät zur Arbeit gekommen sind. *Ihr Zuspätkommen beunruhigt mich, weil . . .«*

Nun müssen Sie Linda sagen, *warum* Sie so fühlen.

»Linda, ich habe gesehen, daß Sie heute morgen zwanzig Minuten zu spät zur Arbeit gekommen sind. Ihr Zuspätkommen beunruhigt mich, weil *der Kundendienst nicht besetzt war. Der ganze Ruf unserer Firma baut doch auf unseren erstklassigen Service auf. Und jede Beschneidung dieser Dienstleistung wäre unfair gegenüber den Leuten, die zu unserer Firma und zu jedem Mitarbeiter Vertrauen haben.«*

Wenn Sie aufrichtig so argumentieren, werden Sie Erfolg haben. Versuchen Sie es auf eine andere Art: »Ich habe gesehen, daß Sie zu spät kamen, und ich war fuchsteufelswild! Ich bezahle Sie doch, damit Sie pünktlich hier sind!« So wird es bestimmt nicht klappen, weil Sie nur von Ihren Bedürfnissen und Wünschen sprechen. Gleichgültig, wie loyal eine Angestellte ist, die Pulsadern wird sie sich für die Firma nicht aufschneiden. Im Mittelpunkt muß die Person stehen, die eine Nachlässigkeit begangen hat. Wenn Sie ihr gesagt haben, welches Verhalten unerwünscht ist, was es in Ihnen für Gefühle auslöst und warum, haben sie ihr klargemacht, worin die Nachlässigkeit besteht. Nun ist es Zeit für die nächsten drei Schritte.

Holen Sie ihre Meinung ein: »Linda, verstehen Sie, warum ich beunruhigt bin?«

In manchen Fällen ist an dieser Stelle eine längere Diskussion vonnöten, bevor sich der oder die Angestellte der Tragweite der Situation bewußt wird.

Einigen Sie sich auf das weitere Vorgehen: Wenn Linda zu spät kam, weil sie im dichten Verkehr steckengeblieben war, wird es

Tabelle 12

Notwendige Konfrontationen

Verhalten, das ich rügen muß	Was ich beobachtet habe	Welche Gefühle das in mir auslöst	Warum diese Gefühle	Erwünschte Änderung im Verhalten

in diesem Fall wohl reichen, wenn Sie sie spätestens um 19.05 Uhr nach Hause gehen lassen.

Bestärken Sie sie im erwünschten Verhalten: Fassen Sie nach, indem Sie kontrollieren, wann Linda zur Arbeit kommt. Sprechen Sie sie an, wenn sie pünktlich ist, und loben Sie sie dafür. Loben Sie ihren Fortschritt.

Stellen Sie mit Hilfe von Tabelle 12 fest, mit welchen Ihrer Angestellten Sie ein Konfrontationsgespräch führen müssen. Was Sie eben gelernt haben, wird Ihnen dabei helfen.

Die Anzeichen erkennen

Mehrere Beispiele in diesem Kapitel haben mit Verspätung zu tun. Ich habe sie aus verschiedenen Gründen gewählt, nicht zuletzt deshalb, weil sie praktisch überall vorkommen können. An ihnen läßt sich auch das Vorgehen sehr einfach aufzeigen. Noch viel wichtiger ist aber das: Häufige oder chronische Verspätungen oder Absenzen sind normalerweise das erste Symptom von größeren Problemen.

Es gibt Unternehmen, die vor oder nach den regulären Arbeitsstunden freiwillige Zusammenkünfte organisieren. Auch ich halte seit vielen Jahren jeden Samstagmorgen ein freiwilliges Treffen mit meinen Mitarbeitern ab. Obwohl die Teilnahme wie gesagt nicht obligatorisch ist, dient mir die Beteiligung als ausgezeichnetes Barometer. Wer nicht teilnimmt oder sich von auswärts meldet, wird schon bald in seiner Produktivität nachlassen.

Wenn Sie ein Nachlassen der Produktivität feststellen, bedeutet das wahrscheinlich, daß Sie eine Nachlässigkeit im Verhalten übersehen oder geduldet haben.

Ein anderer Manager bittet seine Leute, sich alle Punkte zu notieren, die sie an der nächsten Teamsitzung besprochen haben möchten, und ihm diese Liste jeweils am Tag vor der Sitzung abzugeben. Wer keine Punkte mehr hat, die er besprochen haben möchte, wird schon bald durch nachlassende Leistungen auf sich aufmerksam machen.

Diese Anzeichen von Schwierigkeiten geben dem aufmerksamen Manager Gelegenheit, nach der Ursache des Problems zu suchen und etwas dagegen zu unternehmen, bevor die Symptome allen Mitarbeitern auffallen.

Positive Bestärkung

Die Normformel zur Erhöhung der Produktivität hat uns gezeigt, daß die Angestellten ihre Handlung fortsetzen, wenn die Ergebnisse für sie bedeutsam sind. Bedeutsam sind sie, wenn sie sich in Form von Anerkennung und Lob äußern. Aber wer von uns lobt seine Angestellten wirklich richtig? Es fällt uns ohnehin schwer, Komplimente zu machen, und wenn wir es dennoch versuchen, sprechen wir der Person des Angestellten Lob oder Anerkennung aus. Wenn wir mit unserer Formel Ergebnisse erzielen wollen, müssen wir ein spezifisches Verhalten loben.

Ein Manager stellte mir einmal die besten Leute seines Unternehmens vor, aber seine größten Bemühungen, diese Leute positiv zu bestärken, waren letztlich nichts anderes als pathetische Phrasen. Er sagte zum Beispiel: »Steve, das ist Bob, einer unserer Superstars«, oder »Ich möchte Ihnen Bill vorstellen. Oh, das ist ein echter Profi.«

Er meinte es gut, aber wie kann ein Vertreter immer wieder ein »Superstar« oder »ein echter Profi« sein?

Hätte der Manager bestimmte Verhaltensweisen oder Tätigkeiten gelobt, die seine Leute zu Superstars oder Profis machten, hätte jeder etwas gehabt, was er hätte wiederholen oder verbessern können.

Auch die Kunst, Angestellte positiv zu bestärken, ist eine Fertigkeit, und wir können sie nur mit Hilfe einer geeigneten Technik vervollkommnen. Versuchen Sie es einmal mit der *Was-Wie-Warum*-Methode, die wir vorher schon empfohlen haben.

Wie hätte Bob wohl reagiert, wenn sein Manager ihn mir mit folgenden Worten vorgestellt hätte: »Steve, das ist Bob. Mindestens dreimal in der Woche setzt er sich für eine Stunde ans Telefon, um Kunden zu werben. Und jedesmal, wenn ich ihn sehe, bin ich noch stolzer auf ihn, weil ich weiß, daß er sein Einkommen dadurch verdoppelt, obwohl er schon den zweithöchsten Umsatz macht.« Mit der *Was-Wie-Warum*-Methode hätte er eine Aktivität angesprochen, die Bob wiederholen oder gar intensivieren könnte.

Wenn unsere Methode versagt

Ich würde Ihnen liebend gern garantieren, daß diese Methode immer Erfolg hat, aber dann müßte ich lügen. Es gibt Leute, die nicht darauf ansprechen werden. Und dann ist es an der Zeit, sich zu fragen: *Habe ich versagt, oder haben die andern versagt?* Tabelle 13 hilft Ihnen, die Antwort darauf zu finden.

Tabelle 13

Ungenügende Leistungen

	Ja	Nein
1. Habe ich mich vergewissert, daß er weiß, was alles zu seiner Arbeit gehört?		
2. Habe ich ihm bei Stellenantritt ein System gegeben, mit dem er seine Leistung messen kann?		
3. Habe ich mich vergewissert, daß er weiß, welche Tätigkeiten er zu erledigen hat?		
4. Habe ich alles getan, um ihn so zu schulen und auszubilden, daß er alles tun kann, was ich von ihm erwarte?		
5. Habe ich ihm Richtlinien gegeben, damit er stolz darauf sein kann, zu dieser Firma zu gehören?		
6. Habe ich einen Leistungseinbruch zu verhindern versucht?		
7. Habe ich mit ihm gesprochen und ihn in seinem Verhalten positiv bestärkt, als ich bemerkte, daß seine Leistung nachließ?		

Wenn Sie eine einzige dieser Fragen mit Nein beantworten, haben Sie versagt. Wenn Sie hingegen siebenmal aufrichtig ja sagen können, hat Ihr Angestellter versagt.

Wenn das Versagen eindeutig bei Ihrem Angestellten liegt, sind Sie ihm, sich selber und Ihrer Firma gegenüber dazu verpflichtet, der Laufbahn dieses Angestellten eine neue Richtung zu geben. Vielen Managern ist es aufgrund von firmeninternen oder anderen Bestimmungen beinahe unmöglich, einen Angestellten zu entlassen. Dann müssen Sie alles unternehmen, was in Ihrer Macht steht, damit der Angestellte auf einen Posten versetzt wird, für den er sich besser eignet.

Wenn es zur Entlassung kommt, belegen Sie die Gründe dafür. Sie sollten sich deshalb jedesmal Notizen machen, wenn Sie einen Angestellten wegen einer Nachlässigkeit rügen müssen.

Viele Manager scheuen davor zurück, in die Karriere ihrer Angestellten einzugreifen. Niemand von uns tut das gerne, aber es gehört nun einmal auch zu unseren Aufgaben. Wir sind unseren produktiven Angestellten gegenüber verpflichtet, für eine Arbeitsatmosphäre zu sorgen, die ihrem Erfolg förderlich ist. Es wäre den übrigen Leuten gegenüber ungerecht, wenn wir einen Angestellten behielten, der sich selbst nicht helfen will.

In der Regel versagen die Leute paarweise. Haben Sie schon einmal beobachtet, mit wem das schwächste Glied in Ihrer Kette zum Mittagessen geht? Es dürfte sich fast ausnahmslos um das zweitschwächste Glied der Kette handeln. Gleich und gleich gesellt sich gern. Wenn man nicht allein versagt, hat man eine Ausrede. Man muß nicht persönlich die Verantwortung übernehmen, wenn man noch jemanden mit sich reißen kann. Auch Sie würden versagen, wenn Sie jeden Tag mit jemandem mittagessen würden, der Ihnen ständig Gift einspritzt. Es ist kein Talent notwendig, um Angestellte zu entlassen. Aber es erfordert harte Arbeit und richtig eingesetzte Management-Fertigkeiten, es mit reinem Gewissen zu tun.

AKTIONSPLAN
um die Todsünde Nr. 11 zu vermeiden, indem Sie keine Nachlässigkeit dulden

Eines der Mittel, die die Fortune-Gruppe erfolgreich anwendet, ist der Fortune-Aktionsvertrag. Nach jedem Kurs lassen die meisten Firmen ihre »Studenten« einen solchen Vertrag zur Nachkontrolle ausfüllen.

Wir legen Ihnen hier ebenfalls einen Vertrag für dieses Programm vor.

Anweisungen zum Ausfüllen des Aktionsvertrages

1. Notieren Sie unter Punkt 1 den wichtigsten Gedanken, den Sie im Verlauf dieser Sitzung gehabt haben.
2. Notieren Sie unter »Das werde ich daraus machen«:

   A Was Sie tun wollen.
   B Wann Sie es tun wollen.
   C Mit wem Sie es tun wollen.
3. Welchen Vorteil wird es für Sie haben, wenn Sie diesen Gedanken verwirklichen?
4. In unseren Sitzungen geben wir der Gruppe eine einminütige Vorbereitungspause, während der jeder Teilnehmer einen Vertrag mit seinem Nachbarn, mit einem andern Kursteilnehmer, mit der Person, die ihm den Kursbesuch ermöglicht hat, oder mit seinem Manager abschließt. Wir schlagen vor, daß auch Sie sich eine entsprechende Person aussuchen.

   A Sagen Sie dieser Person, was Sie tun wollen.
   B Sagen Sie ihr, wie Sie es tun wollen.
   C Sagen Sie ihr, welche Vorteile für Sie damit verbunden sind.
5. Vergessen Sie auf keinen Fall, das Datum des Vertragsabschlusses und das Datum der Nachkontrolle für die Person, mit der Sie diesen Vertrag abschließen, einzutragen.

Fortune-Aktionsvertrag

Weil ich das Gefühl habe, dies sei der wichtigste Gedanke, der mir beim Lesen dieses Kapitels gekommen ist, verpflichte ich mich hiermit, ihn in den nächsten sieben Tagen umzusetzen.

1. Dies ist der wichtigste Gedanke, den ich diesem Kapitel entnommen habe und den ich persönlich anwenden kann:

   ____

   ____

   ____

2. Das werde ich daraus machen:

   ____

   ____

   ____

3. Was ich gewinne, wenn ich ihn anwende:

   ____

   ____

   ____

4. Jemand, mit dem ich diese Gedanken teilen kann:

   ____

   ____

   ____

Datum des Vertrages: ____

Kontrolldatum: ____

Todsünde Nr. 12

Nur Spitzenleuten Anerkennung zollen

Wenn Sie alle Spitzenleute Ihrer Branche zusammentrommeln und für Ihre Firma gewinnen würden, könnte am Ende eines Jahres doch nur einer ganz oben auf dem Podest stehen.

Aber bevor Sie zu träumen beginnen, welche phantastischen Leistungen ein solches Team erbringen würde, habe ich eine schlechte Nachricht für Sie: Sie können nicht alle Spitzenleute einstellen, und Sie können keine einzige Abteilung in einem Unternehmen nur mit Spitzenleuten besetzen. Unabhängig davon, über was für ein Budget Sie verfügen, wie groß Ihre Überzeugungskunst ist und welche Beziehungen Sie ausspielen können, Ihre Bemühungen werden scheitern. Warum? Weil es einfach nicht so viele Spitzenleute gibt, und selbst wenn es sie gäbe, könnte nur einer von ihnen zuoberst an der Spitze stehen, während alle anderen unter »ferner liefen« klassiert wären. Und dennoch opfern zahlreiche Manager Unmengen von Zeit, um als erste in die Geschichte einzugehen, denen das Unmögliche gelingt. Und dabei entmutigen sie erst noch – wenn auch unbewußt – all ihre Mitarbeiter, die durchschnittliche (oder konstante) Leistungen erbringen und die doch das Rückgrat jedes erfolgreichen Unternehmens ausmachen.

Jedes erfolgreiche Unternehmen baut seine Geschäfte auf gute, zuverlässige, durchschnittlich produktive Leute auf, zu denen dann noch ein paar Superstars dazukommen. In welchem Geschäftszweig Sie auch tätig sind, messen Sie die Leistungen Ihrer Angestellten, und Sie werden diese Aussage bestätigt finden.

Nur allzu selten zollen wir diesem Rückgrat unseres Unternehmens, das doch so maßgeblich zu unserem Erfolg beiträgt, die gebührende Anerkennung. Jeder Angestellte verdient, ja braucht Anerkennung für Einzel-, aber auch für Teamleistungen, wenn er ununterbrochen sein Bestes leisten soll.

In einem typischen Unternehmen heimsen jedoch nur die paar wenigen Superstars die ganze Anerkennung ein. Dies ist vor allem im Verkaufsbereich überdeutlich zu sehen. Unter Umständen übertreffen alle Verkäufer oder Vertreter die Mindestanforderungen bei weitem. Aber nur der Spitzenmann wird beim jährlichen Geschäftsessen offiziell ausgezeichnet; er wird vom Direktor des Unternehmens in seinen Club eingeführt, bezieht ein sehr hohes Gehalt, darf mit seiner Frau zwei Wochen auf Geschäftskosten am Ort seiner Träume Urlaub machen und erhält eine weitere Auszeichnung, mit der er die Wand seines Büros dekorieren kann. Natürlich hat er das alles verdient, und die Firma gibt es ihm auch.

Was ist nun aber mit all den andern Verkäufern, die ihr Soll ebenfalls erfüllen und die eigentliche Basis für den Erfolg des Unternehmens bilden? Sie alle leisten ihr Teil oder noch mehr, aber sie werden nicht wie Sieger behandelt, sondern einfach als gegeben hingenommen. Ihre Manager nehmen an, sie wüßten wohl, daß sie auch Sieger seien, aber sie überreichen ihnen nie einen Preis. Deshalb fühlen sich solche Angestellte als Teil der Masse. Das monatliche Gehalt reicht nicht mehr. Sie lechzen förmlich nach persönlicher Anerkennung.

Peters und Waterman beschreiben in »Auf der Suche nach Spitzenleistungen«, wie wichtig diese Anerkennung – oder eben ihr Ausbleiben – ist:

»IBM ist wohl eines der größten und ältesten amerikanischen Unternehmen mit ausgeprägter Mitarbeiterorientierung. Nur, wo soll man mit der Beschreibung von IBM beginnen? Mit der 70 Jahre alten Politik der offenen Tür? Mit dem vom alten Watson schon in den 20er Jahren gegründeten Country Club für alle Mitarbeiter mit einem Jahresbeitrag von einem Dollar? Mit der Philosophie, die von der ›Achtung vor dem einzelnen‹ ausgeht? Mit der Lebensstellung bei IBM? Der Betonung der Aufstiegsmöglichkeiten für Mitarbeiter? Mit den IBM-Kindertagesstätten, IBM-Hotels, IBM-Sportstadien und -tennisplätzen? Den *monatlichen* Meinungsumfragen durch die Personalabteilung? Der sehr hohen Erfolgsquote der Verkäufer? Der intensiven Schulung? Die gesamte Geschichte von IBM ist von ausgesprochener Mitarbeiterorientierung geprägt. Und wie bei McDonald's äußert sich dies noch in den winzigsten Einzelheiten. Man gehe zum Beispiel in den Finanzbereich von IBM in New York. Sofort beim Eintritt fällt der Blick auf eine riesige, vom Boden bis zur Decke reichende Anschlagtafel mit Hochglanzfotos *jedes einzelnen* Mitarbeiters der Abteilung unter dem Spruchband: *Finanzbereich New York . . . Die Menschen sind der Unterschied.* [. . .]

Bei den nicht so erfolgreichen Unternehmen ist das ganz anders. Während IBM es bewußt so einrichtet, daß 70 bis 80 Prozent seiner Verkäufer die Zielvorgaben erreichen, haben bei einem anderen Unternehmen (in Teilbereichen Konkurrent von IBM) in einem normalen Jahr nur 40 Prozent des Verkaufsstabes diesen Erfolg. Bei einem solchen Ansatz sehen sich 60 Prozent der Verkäufer als Verlierer. Das ärgert sie, und sie reagieren mit unzweckmäßigem, unberechenbarem, jedenfalls aber unproduktivem Verhalten. Stemple jemanden zum Verlierer, und er verhält sich auch so.«

Wie Sie alle zu Siegern machen können

Wir haben in vielen Unternehmen große Probleme beobachtet, was Anerkennung und Lob betrifft, und meistens handelte es sich um Extremfälle: Entweder finden nur die Spitzenleute Anerkennung – wie es beispielsweise oft im Verkauf geschieht, wo die Leistung leicht meßbar ist –, oder es fehlt in Bereichen, in denen die Produktivität nicht so häufig gemessen wird, ganz an Anerkennung.

Wenn ein Unternehmen Drückeberger gleich gut bezahlt wie seine produktivsten Angestellten, geht jeder Ansporn verloren, das Selbstgefühl beginnt zu wanken, und die Produktivität bricht zusammen. Wenn alle Angestellten nur den üblichen Teuerungsausgleich bekommen, wird der Gleichgültigkeit Tür und Tor geöffnet. Und dabei diktieren Firmenpolitik, Anstellungsverträge oder andere Bestimmungen oft je nach Position und Leistung unterschiedliche Lohnerhöhungen. Wenn man den Angestellten einfach routinemäßig oder nur mit Geld Anerkennung zollt, gibt es in vielen Bereichen Schwierigkeiten, das Personal zu besseren oder größeren Leistungen anzuspornen. Warum sollte eine Sekretärin, die durch intensives Training ihre Schreibleistung auf 87 Wörter pro Minute erhöht hat, sich bemühen, auf 95 Wörter zu kommen, wenn ihre Arbeitskollegin, die nur 60 Wörter pro Minute schafft, den gleichen Lohn bekommt? Warum sollte der Buchhalter, der einen Weg entdeckt, wie seine Firma ihre Unkosten massiv senken könnte, noch nach weiteren Sparmöglichkeiten suchen, wenn sein Kollege, der nur gerade das Minimum leistet, das gleiche Gehalt bezieht? Die Antwort auf unser Problem heißt: Wir müssen allen unseren Angestellten für ihre Leistungen Anerkennung zollen, und zwar nicht unbedingt immer nur mit Geld. Eine persönliche Note ist hier von unschätzbarem Wert.

Die persönliche Note

Wenn es den Angestellten hilft, ihre Ziele zu erreichen, funktioniert das Management optimal. Dazu brauchen die Angestellten vernünftige und dennoch verlockende Ziele, die sie anstreben können, und es gehört zur Aufgabe des Managers, diese Ziele aufgrund der in Kapitel 9 dargelegten Richtilien und der von den Angestellten selber gesteckten Ziele festzulegen.

Unterteilen Sie die Fernziele zunächst in kleine, gut verdauliche Brocken. In den meisten Fällen bedeutet dies monatliche Zwischenziele, die sich dann zum Jahresziel summieren. Aber Sie müssen daran denken, daß es in der Regel *nicht* zwölf gleich große Etappen gibt, weil fast in jeder Branche jahreszeitliche Schwankungen zu berücksichtigen sind.

Sind die Jahres- und Monatsziele einmal festgelegt worden, sollte sich der Manager auf eine Funktion als Coach beschränken, der seinen Leuten hilft, ihr Ziel zu erreichen.

Setzen Sie für jeden einzelnen Angestellten individuelle Ziele. Hier geht es nun wirklich darum, daß unsere Leute echte Fortschritte machen und persönlich wachsen können. Jeden Monat sollte jeder von ihnen mit Lob bedacht werden, wenn er sein Ziel erreicht hat. Dieses Lob kann die verschiedensten Formen annehmen: ein nettes Kärtchen mit einer kurzen Gratulation, eine hübsche Blume auf dem Schreibtisch, eine verführerische Süßigkeit oder vielleicht ein paar frische Tomaten aus Ihrem Garten. Die Anerkennung kann, sofern sie sich mit der Firmenpolitik vereinbaren läßt, wirklich fast jede Form annehmen; entscheidend ist nur, daß sie eine persönliche Note trägt und rechtzeitig überreicht wird. Im Gegensatz zum System, in dem nur Superstars gepriesen werden, sind hier alle Angestellten Sieger.

Superstars können zwar beinahe krankhaft selbstsüchtig sein, wenn es um Anerkennung ihrer Person geht, aber im Grunde wissen sie sie vielleicht gar nicht richtig zu schätzen. Sie sind gewohnt, als Sieger durchs Leben zu gehen. Und die meisten von ihnen setzen sich nur dort ein, wo sie wissen, daß sie überragende Leistungen erbringen können. Deshalb perlt das Lob oft von ihnen ab wie Wassertropfen vom Gefieder einer Ente. Anderseits hat der durchschnittliche Angestellte jahrelang nach persönlicher Anerkennung gehungert und empfindet sie nun geradezu als berauschend.

Wenn Sie Ihre Leute dazu veranlassen wollen, daß sie Ihnen ihre Ziele angeben, werden Ihnen sofort ein paar Dinge auffallen. Einige werden zögern, sich dem Management gegenüber auf persönliche Ziele festzulegen. Üben Sie dann Zurückhaltung. Das Ziel, das sie Ihnen nennen, muß ja in jedem Fall über der vom Unternehmen angesetzten Normleistung liegen, und wenn sie diese Leistung erbringen, haben sie ihre Pflicht ja erfüllt. Bedrängen Sie diese Leute nicht; wenn sie dann nämlich bemerken, daß Sie diese Ziele als Basis für ihre Anerkennung und für den Aufbau des Teamgeistes benützen, werden sie aus eigenem Antrieb zu Ihnen kommen. Es ist viel wichtiger, daß Sie eine gewisse Angst als Grund für das Zögern dieser Angestellten erkennen und daß Sie herauszufinden versuchen, worauf denn diese Verständigungsschwierigkeit zurückzuführen ist.

Andere Angestellte sind manchmal absolut unrealistisch, und ihre Ziele scheinen unerreichbar zu sein. Wie skeptisch Sie auch sein mögen, sagen Sie einfach: »Gut, gehen Sie es an. Ich stehe hundertprozentig hinter Ihnen.«

Sagen Sie nie einem Angestellten, er werde das nie schaffen. Das muß er selber herausfinden. Wir sehen das im Verkauf immer wieder. Ein Manager, der als Vertreter seinerzeit als Spitzenkraft gegolten hatte, schloß im Jahr nie mehr als sechzig Geschäfte ab. Einer seiner Leute meldet ihm jetzt: »Ich habe mir vorgenommen, hundert Abschlüsse zu tätigen.« Der Manager enttäuscht seinen Vertreter nun schwer, wenn er zu ihm sagt: »Ach, bleiben Sie doch auf dem Boden der Wirklichkeit. Das werden Sie nie schaffen.« Wir sollten unsere eigenen Limiten nie anderen Menschen aufdrängen. Wer weiß, vielleicht erreichen sie ihr Ziel ja wirklich!

Sollte dann die Zeit beweisen, daß sie in ihrer Einschätzung doch allzu optimistisch waren, führen Sie sie zu realistischeren, aber immer noch attraktiven Zielen zurück. Dies ist ein Augenblick, in dem besonders deutlich wird, ob das Management tauglich ist oder nicht. Es ist nämlich eine ziemlich schwere Aufgabe für einen Manager, einem Angestellten das Gefühl zu vermitteln, er sei ein Sieger, wenn ihm die Enttäuschung doch klar ins Gesicht geschrieben steht.

Manch einer nützt diese Gelegenheit, um seine Macht zu beweisen, indem er seinen Vertreter erniedrigt und nicht von seinem Ziel entbinden will: »Was ist denn los mit Ihnen? Sie haben doch gesagt, Sie würden dieses Ziel erreichen, und nun sehe ich, daß Sie Ihre Versprechungen einfach nicht einhalten.«

Ein solches Verhalten zerstört alles, und es gibt gar keine Sieger. Zeigen Sie ihm statt dessen, was für Fortschritte er gemacht hat, und ermutigen Sie ihn, auf ein anderes, realistischeres Ziel hinzuarbeiten. Lassen Sie wiederum Ihren Angestellten dieses neue Ziel bestimmen. Sagen Sie ihm nicht, er solle ein so und so tief angesetztes Ziel anstreben, weil er ja doch nicht mehr erreichen könne. Gönnen Sie ihm das Gefühl von Stolz und Zuversicht, das mit Abstecken eines eigenen Zieles verbunden ist.

Wenn Sie selbst die Ziele Ihrer Abteilung Ihren Vorgesetzten vorlegen, tun Sie niemandem einen Gefallen, wenn Sie absolut unrealistische Vorhaben unterbreiten. Gehen Sie bei der Formulierung Ihrer Abteilungsziele nie von den persönlichen Zielen aus, die Ihnen Ihre Angestellten vorgelegt haben. Ich rate auch der Unternehmensleitung, als Grundlage für die Firmenziele nie die Ziele der einzelnen Management-Gruppen heranzuziehen. Die Manager auf allen Ebenen müssen in dieser Beziehung konservativ bleiben, die Möglichkeit eines Wunders aber nie ganz ausschließen. Wunder gibt es immer wieder, aber Sie dürfen nicht regelmäßig darauf zählen.

Teamgeist aufbauen

Ich rate Ihnen auch, gründlich über alle Arten von Wettbewerb nachzudenken, mit denen Sie die Produktivität Ihrer Angestellten ankurbeln wollen. Unsere Erfahrung hat gezeigt, daß sich die meisten als Geldverschwendung, als kontraproduktiv oder gar beides entpuppen. Während viele Manager auf solche Wettbewerbe schwören, stoßen sie in der Regel bei den Angestellten auf wenig oder gar keine Gegenliebe. Was auf den ersten Blick nach Spiel und Spaß aussieht, ist für die Betroffenen möglicherweise gar kein Spaß. Wenn ich *Wettbewerb* sage, schließe ich die üblichen Formen der Anerkennung, mit denen Sie Ihre Superstars für ihre Spitzenleistungen belohnen, natürlich nicht mit ein. Ich meine damit jene

Art von Wettbewerben, bei denen die einzelnen Angestellten gegeneinander ausgespielt werden. Die meisten Leute besitzen von Natur aus einen gewissen Konkurrenztrieb, der vom Management nicht zu einem offenen Kampf angestachelt zu werden braucht.

Die – wie ich meine – wohl gemeinste Art von Wettbewerb, die von vielen Verkaufsorganisationen in Amerika durchgeführt wird, ist das sogenannte Steak-und-Bohnen-Dinner. Dabei werden alle Vertreter einer Firma in zwei Gruppen aufgeteilt, die dann über eine bestimmte Zeit hinweg gegeneinander »kämpfen«. Höhepunkt des Wettbewerbs ist dann ein Abendessen, bei dem die Sieger ein saftiges Steak vorgesetzt bekommen, währenddem sich die Verlierer mit einem Teller Bohnen begnügen müssen. Kürzlich habe ich allerdings von einer »Steigerung« dieses »Spiels« erfahren, die einem wirklich fast die Sprache verschlägt. Diese Firma lud auch die Lebenspartner der Sieger und Verlierer zum abschließenden Dinner ein, und – Sie haben es bestimmt erraten – setzte auch den Partnern der Verlierer einen Teller Bohnen vor.

Wenn ein Unternehmen die Wirkungen eines Wettbewerbs untersucht, wird sich zeigen, daß die Produktivität mindestens während der Dauer des Wettbewerbs zugenommen hat. Unmittelbar danach ist aber oft ein Rückschlag zu verzeichnen; die Produktivität fällt weit unter die Normleistung ab. Die Folge davon ist, daß Angestellte das sinkende Schiff verlassen, und für die Firma wäre es zweifellos besser gewesen, sich gar nie auf einen derartigen Wettbewerb einzulassen.

Wettbewerbe können wir also nicht empfehlen, Spiele hingegen wohl. Zwischen Wettbewerben und Spielen ist ein großer Unterschied. Ein Wettbewerb zielt auf eine Steigerung der Produktivität ab und ist immer so angelegt, daß es ein paar wenige Sieger, aber sehr viele Verlierer gibt. Ein Spiel dagegen sorgt dafür, daß es Spaß macht, für Ihre Firma zu arbeiten, und Sie wären vielleicht überrascht zu sehen, wie produktiv Leute sein können, denen ihre Arbeit wirklich Spaß macht. Zudem gibt es bei einem Verkaufsspiel nur Gewinner. Ein solches Spiel nimmt die Form eines Zieles an, welches vom ganzen Team angestrebt wird. Und wenn es erreicht ist, erhalten alle Mitarbeiter dieses Teams den gleichen Preis.

Ein Freund von mir, der eine Verkaufsorganisation leitet, spielt mein Lieblingsspiel. Jeden Monat legen seine Verkäufer ein verlockendes Ziel fest: Dabei geht es darum, den im Vergleichsmonat des Vorjahres erzielten Umsatz um wenigstens 20 Prozent zu übertreffen. In den Monaten, in denen das Ziel erreicht wird, erhält jeder Mitarbeiter seiner Abteilung (die Verkäufer, die Sekretärinnen, die Buchhalter, ja sogar die Speditionsangestellten) eine wertmäßig vergleichbare Belohnung. Vergleichen Sie das mit der allgemein üblichen Praxis: Da werden nur die zwei oder drei besten Verkäufer belohnt, die andern aber übergangen, und niemand denkt auch nur im entferntesten daran, daß der Verkaufserfolg größtenteils auch auf dem Einsatz der übrigen Mitarbeiter beruht. Mein Freund kündigt Zeitpunkt und Form der Belohnungen nie im voraus an, sondern inszeniert jeweils ohne Vorwarnung irgendeine Überraschung. So erlebte ich am 4. Februar 1984 mit, wie nachmittags um drei Uhr der Weihnachtsmann mit allem Drum und Dran in der Firma erschien und jedem Angestellten als Anerkennung für die Januarleistungen ein verspätetes Weihnachtsgeschenk aus seinem Sack überreichte. Da war vom Parfüm bis zum Radiowecker so ziemlich alles dabei, aber alle Geschenke hatten in etwa den gleichen finanziellen Wert. Die Firma meines Freundes ist nicht von persönlichen Konflikten verschont, aber dennoch ziehen alle Angestellten als Team am gleichen Strick, weil alle für ihre Arbeit belohnt werden und weil es Spaß macht, in dieser Firma zu arbeiten.

Eins vor allen Dingen: Respekt

Die Angestellten mögen nach Anerkennung lechzen, sie brauchen aber vom Management noch etwas viel Grundlegenderes, nämlich Respekt.

Eine Investierungsgesellschaft spricht zum Beispiel von der einen Hälfte ihrer Angestellten als »Profis«, von den andern als »Büropersonal«. Die Mitglieder des »Büropersonals« erwarten nun bestimmt nicht, daß sie das gleiche Gehalt wie Akademiker mit drei Studienabschlüssen beziehen, aber sie haben doch etwas gegen die von Außenstehenden wohl automatisch gezogene Folgerung, wenn die eine Gruppe als »Profis« bezeichnet werde, bestünde die andere eben aus »Nicht-Profis«.

Zudem wissen die Sekretärinnen ganz genau, daß viele Kunden mit dem »Büropersonal« viel engeren Kontakt haben als mit den »Profis« und daß dieses ganze »Hilfspersonal« ganz wesentlich dazu beiträgt, daß die Firma zufriedene Kunden hat. Das Management ist sich dieser Tatsache wohl bewußt, verhält sich aber nicht dementsprechend. Wenn es wieder Zeit ist, die Angestellten für ihre Leistungen auszuzeichnen, werden die »Profis« mit Firmenwagen, Bonussen, Reisen, Abendessen und anderem mehr gefeiert. Das »Büropersonal« hingegen sieht sich nur mit der üblichen Lohnerhöhung – sprich: Teuerungsausgleich – und einer Rose am National Secretaries' Day ausgezeichnet. Kein Wunder, daß das Management letztes Jahr vollkommen aus der Fassung geriet, als eine der Sekretärinnen eine wahre Kettenreaktion auslöste, indem sie ihre Rose achtlos in den Papierkorb schmiß. Ich bin überzeugt, diese Sekretärin hätte sich königlich über die gleiche Rose gefreut, wenn sie ihr als Anerkennung für irgendeine bestimmte Leistung überreicht worden wäre.

Ein anderes Unternehmen der gleichen Branche betrachtet seine ebenfalls hochqualifizierten Anlageberater und sein Büropersonal als gleichgestellt. Ein oder zwei Anlageberater und eine Sekretärin bilden ein Team, und das Unternehmen bewertet die Anerkennung, welche es den Sekretärinnen zukommen läßt, nach der Leistung der Anlageberater, die sie ja mit ihrer Arbeit unterstützen. Hier hat der Teamgeist stratosphärische Höhen erreicht, und dabei verdienen die Sekretärinnen nicht einmal gleich viel wie das »Büropersonal« der Firma, von der zuvor die Rede war.

Anerkennung und Respekt nähren den Geist! Jedes gutgeführte Unternehmen gibt seinen Angestellten die Gelegenheit, alles zu verdienen, was sie brauchen.

Welche Möglichkeiten haben Ihre Angestellten, Anerkennung zu finden? Welche neuen Möglichkeiten sind denkbar? Führen Sie sie in Tabelle 14 auf. Setzen Sie die Ideen in die Tat um, und staunen Sie, wie die Produktivität steigt.

Es ist einfach, die Todsünde Nr. 12 zu vermeiden. Geben Sie Ihren Angestellten nur dann Kredit, wenn sie ihn brauchen. Heute zum Beispiel. Und räumen Sie ihn jedem Angestellten ein, wann immer er sich bemüht, neue Ziele zu erreichen.

Tabelle 14

Möglichkeiten der Anerkennung

Wie zolle ich meinen Leuten gegenwärtig Anerkennung?	Wie kann ich ihnen noch auf andere Art Anerkennung zuteil werden lassen?

AKTIONSPLAN
um die Todsünde Nr. 12 zu vermeiden, indem Sie alle Ihre Angestellten zu Siegern machen

Eines der Mittel, die die Fortune-Gruppe erfolgreich anwendet, ist der Fortune-Aktionsvertrag. Nach jedem Kurs lassen die meisten Firmen ihre »Studenten« einen solchen Vertrag zur Nachkontrolle ausfüllen.

Wir legen Ihnen hier ebenfalls einen Vertrag für dieses Programm vor.

Anweisungen zum Ausfüllen des Aktionsvertrages

1. Notieren Sie unter Punkt 1 den wichtigsten Gedanken, den Sie im Verlauf dieser Sitzung gehabt haben.

2. Notieren Sie unter »Das werde ich daraus machen«:

   A Was Sie tun wollen.
   B Wann Sie es tun wollen.
   C Mit wem Sie es tun wollen.

3. Welchen Vorteil wird es für Sie haben, wenn Sie diesen Gedanken verwirklichen?

4. In unseren Sitzungen geben wir der Gruppe eine einminütige Vorbereitungspause, während der jeder Teilnehmer einen Vertrag mit seinem Nachbarn, mit einem andern Kursteilnehmer, mit der Person, die ihm den Kursbesuch ermöglicht hat, oder mit seinem Manager abschließt. Wir schlagen vor, daß auch Sie sich eine entsprechende Person aussuchen.

   A Sagen Sie dieser Person, was Sie tun wollen.
   B Sagen Sie ihr, wie Sie es tun wollen.
   C Sagen Sie ihr, welche Vorteile für Sie damit verbunden sind.

5. Vergessen Sie auf keinen Fall, das Datum des Vertragsabschlusses und das Datum der Nachkontrolle für die Person, mit der Sie diesen Vertrag abschließen, einzutragen.

Fortune-Aktionsvertrag

Weil ich das Gefühl habe, dies sei der wichtigste Gedanke, der mir beim Lesen dieses Kapitels gekommen ist, verpflichte ich mich hiermit, ihn in den nächsten sieben Tagen umzusetzen.

1. Dies ist der wichtigste Gedanke, den ich diesem Kapitel entnommen habe und den ich persönlich anwenden kann:

   ____

   ____

   ____

2. Das werde ich daraus machen:

   ____

   ____

   ____

3. Was ich gewinne, wenn ich ihn anwende:

   ____

   ____

   ____

4. Jemand, mit dem ich diese Gedanken teilen kann:

   ____

   ____

   ____

Datum des Vertrages: ______________________________

Kontrolldatum: __________________________________

Todsünde Nr. 13

Versuchen, Leute zu manipulieren

Die vorausgehenden Kapitel haben sich mit einer Reihe von Konzepten befaßt, die dazu dienen, die Grundlagen für den Aufbau eines erfolgreichen Managements zu legen und die häufigsten Fehler von Managern zu vermeiden. Bevor wir uns dem letzten Thema zuwenden, wollen wir uns nochmals einige dieser grundlegenden Konzepte in Erinnerung rufen:

1. Management ist die Fähigkeit, vorbestimmte Ziele durch die freiwillige Mitarbeit von andern Leuten zu erreichen.

2. Zweck des Managements ist es, für das Fortbestehen des Unternehmens auch über dessen Abwesenheit hinweg zu sorgen.

3. Gewinn ist unerläßlich, wenn das Unternehmen fortbestehen, Kunden bedient und Verpflichtungen gegenüber den Angestellten eingehalten werden sollen.

4. Erfolg oder Mißerfolg der Leute ist von ihren Gewohnheiten abhängig.

5. Die Leute strengen sich nicht an, wenn nicht zwei Fragen positiv beantwortet werden können: Wie stehen meine Aussichten auf Erfolg? Was ist für mich in Sachen Selbstwertgefühl drin?

6. Aufgabe des Managers ist es, die Leute zu richtigem Verhalten zu bewegen.

7. Um das Verhalten der Leute zu beeinflussen, dürfen wir uns nicht nur mit ihrem Verhalten befassen; wir müssen auch ihre Denkweise in unsere Überlegungen einbeziehen.

8. Management ist eine Angelegenheit des Denkens, nicht des Handelns.

Einstellungen ändern

Bei jedem dieser Konzepte habe ich betont, daß die Leistung eines Angestellten unmittelbar mit seiner Denkweise *(Einstellung)* verknüpft ist. Als Manager können wir die Einstellungen unserer Leute zwar beeinflussen, aber wir müssen in der Wahl der Methoden sehr vorsichtig sein. Gute Einflüsse werden das Selbstwertgefühl unserer Angestellten stärken und ihre Produktivität steigern. Schlechte Einflüsse hingegen werden bewirken, daß sie sich manipuliert vorkommen, und darunter wird die Produktivität leiden.

Berücksichtigen Sie stets die Einstellung

Wenn Sie daran zweifeln, wie wichtig die Einstellung ist, überlegen Sie sich einmal folgendes: Nehmen wir an, Sie müssen Ihre Lektüre unterbrechen, weil es an Ihrer Tür geklingelt hat. Sie erfahren, daß Sie von einem entfernten Verwandten fünf Millionen Dollar geerbt haben. Bestimmt würde sich Ihr Denken nun in mancher Hinsicht ändern, oder nicht? Sie würden sich überlegen, ob es sich noch lohnt, weiterzuarbeiten. Sie haben vielleicht plötzlich eine Menge von neuen Freunden, oder Ihre Familie stellt sich geschlossen gegen Sie. Die Einstellungen ändern sich, wenn sich die Umstände ändern.

Veränderungen der Umwelt. Verändern Sie in ähnlicher Weise die Umwelt oder Umgebung eines Menschen, und seine Einstellung wird sich ebenfalls ändern. Da Sie ein wichtiges Element in der Umwelt Ihrer Leute darstellen, wird alles, was Sie tun, Einfluß auf deren Einstellung haben. Streichen Sie ein Büro neu, setzen Sie die Gehälter neu fest, verändern Sie einen Arbeitsablauf: Wägen Sie die Wirkungen solchen Tuns im voraus gründlich ab, denn es könnte das Denken Ihrer Angestellten positiv oder negativ beeinflussen.

Der Nachteil aller Versuche, Einstellungen zu ändern, ist die Tatsache, daß diese Änderungen nicht von Dauer sind. Die Farbe im frischgestrichenen Büro verblaßt, und mit ihr verblaßt auch ihre Wirkung auf die Moral in diesem Büro. Die Hoffnung, die das neue Produkt geweckt hat, stürzt schon bald wie ein Kartenhaus ein, weil die Konkurrenz ein besseres auf den Markt bringt. Die willkommene Gehaltserhöhung wird bald zur Gewohnheit, da sie sowieso der Inflation zum Opfer fällt. Andrerseits können Veränderungen in der Umgebung von allem Anfang an negative Auswirkungen zeitigen. Wenn Sie nur die Hälfte aller Büros neu streichen lassen, könnten die übergangenen Angestellten glauben, Sie würden gewisse Leute bevorzugen. Wenn das neue Produkt nicht alle anspricht oder wenn sich eine Gehaltsänderung gar als Kürzung entpuppt, wird dies negative Einstellungen zur Folge haben. Immerhin, auch negative Einstellungen verblassen mit der Zeit ein bißchen.

Wissen und Schulung. Eine andere Art, die Denkweise zu beeinflussen, operiert mit Wissen, neuen Ideen, Schulung und Ausbildung. Diese Faktoren üben eine wesentlich längere Wirkung aus als Veränderungen in Umwelt oder Umgebung, weil eine Idee, die einmal Wurzeln gefaßt hat, in der Regel überlebt. Die am tiefsten verwurzelten Überzeugungen eines Menschen dringen immer bis an die Oberfläche empor, um letztlich über sein Handeln zu entscheiden.

Die Fortune-Gruppe hat sowohl Manager als auch Verkäufer in praktisch allen Branchen befragt, was ihrer Meinung nach die Leistung eines Verkäufers erhöhe. Natürlich wichen die Antworten voneinander ab. Die Manager nennen bessere Arbeitsgewohnheiten, die Verkäufer normalerweise mehr potentielle Kunden. Beide Seiten haben zum Teil, aber nicht vollständig recht. Was der Verkäufer wirklich braucht, ist größeres Vertrauen, das dann zu besseren Arbeitsgewohnheiten und in der Folge zu mehr Abschlüssen führen wird. Beides könnte dadurch bewirkt werden, daß der Verkäufer lernt, wie man ein Geschäft richtig abschließt; wenn er sich diese Fertigkeit einmal angeeignet hat, wird er sie viele Jahre lang nicht mehr verlernen. Das Geld, das vom Management in die Veränderung der Umgebung, in ein neues direktes Werbeverfahren oder in eine andere indirekte Änderung hineingepumpt wird, hat keinen Einfluß auf seine Abschlußquoten oder – falls doch – höchstens einen vorübergehenden. Für langfristige Änderungen müssen Sie Geld in Schulung und Ausbildung investieren, um Ihren Leuten zu helfen.

Schließen Sie Ihren »Verkauf der Einstellungen« ab. Wenn wir allen Schmuck um das Management herum entfernen, stellen wir fest, daß ein Manager in mancher Hinsicht auch als Verkäufer agiert, dessen Kunden die Angestellten unter seinem Management sind. Wenn er plötzlich eine erhöhte Arbeitsbelastung, eine Veränderung im Arbeitsklima oder eine neue Lohnstruktur ankündigt, muß er sie seinen Leuten zuerst verkaufen, und seine Abschlußquote ist eindeutig ein Maß für seine Fertigkeiten als Manager. Effiziente Führung erfordert, daß Ihre Leute freiwillig, nicht aufgrund irgendeiner Manipulation Ihrerseits dabei mitmachen.

Sie müssen Ihre Leute kennen

Wenn es ein Geheimnis gibt, effizient und ohne Manipulationen zu managen, dann nur eines: *Sie müssen Ihre Leute kennen.* Und ich meine, wirklich kennen. Wir haben ja gesehen, daß Management eine Angelegenheit des Denkens, nicht des Handelns ist, und jeder Manager sollte über seine Leute nachdenken.

Vor Jahren nahmen viele von uns Managern die Haltung ein, die Probleme eines Angestellten gingen uns nichts an, sofern sie nicht unmittelbar mit dessen Arbeit zusammenhingen. Wir versuchten fälschlicherweise das Leben unserer Angestellten in hübsche kleine Bereiche einzuteilen: Arbeit, Familie, Soziales, Kulturelles, Geistiges, etc. Aber je mehr sich ein Manager bemühte, dieses Konzept durchzusetzen, desto rascher sah er ein, daß es unmöglich war. Der Mensch ist ein Ganzes, und wir können ihn nicht in Teile und Bereiche aufteilen. Wir müssen uns mit dem ganzen Menschen befassen. Wenn ein Mensch familiäre Probleme hat, werden diese seine Arbeit beeinflussen. Probleme am Arbeitsplatz wirken sich umgekehrt auf das Familienleben aus. Soziale und finanzielle Schwierigkeiten zeitigen Auswirkungen auf die Leistungen bei der Arbeit.

Wir müssen jeden unserer Angestellten sehr gut kennen, weil ein bestimmter Umstand verschiedene Leute auf verschiedene Arten beeinflussen kann. Die einen können nicht richtig arbeiten, wenn sie zu Hause Probleme haben. Die andern können nicht richtig arbeiten, wenn sie zu Hause keine Probleme haben.

Wenn wir effizient managen wollen, müssen wir unbedingt verstehen, was unsere Leute belastet und bedrückt, damit wir sie richtig unterstützen können. Dabei besteht allerdings die Gefahr, daß wir uns persönlich zu sehr engagieren. Sobald Sie als Ehe- oder Finanzberater fungieren, sind Sie eindeutig zu weit gegangen. Trotzdem müssen Sie jeden Ihrer Angestellten durch und durch kennen, denn Sie müssen ihn so führen können, daß er sich nicht ausgenützt oder übervorteilt fühlt.

Von Kent Stickler, einem anerkannten Berater in Finanzfragen, stammt das folgende Beispiel dafür, wie äußere Belastungen und Streß die Leistungen einer Bankangestellten beeinflußt haben.

Eine junge Frau bediente schon seit mehreren Jahren zur besten Zufriedenheit aller den Drive-in-Schalter einer großen Bank. Eines Tages hatte nun ein eiliger Kunde den Eindruck, die Abwicklung seines Geschäftes gehe viel zu langsam vor sich, und ließ der jungen Frau gegenüber eine dementsprechende Bemerkung fallen. Ihre Antwort darauf war eine einzige Flut von Beschimpfungen.

Natürlich beschwerte sich der Kunde. Der Manager der jungen Frau zeigte sich von diesem ungewohnten Verhalten betroffen. Er sprach mit der Angestellten sofort unter vier Augen und erfuhr, daß ihr Mann zwei Monate zuvor sie und ihre drei Kinder verlassen habe. Bevor er verschwand, hatte er noch mit Kreditkarten eine Menge Geld bezogen und zudem ihre ganzen gemeinsamen Ersparnisse abgehoben. Da die junge Frau wußte, wie wichtig ihre Kreditwürdigkeit für ihre Stelle bei der Bank war, nahm sie noch zusätzlich eine Teilzeitstelle als Kellnerin bis morgens um zwei Uhr an. Seit knapp zwei Monaten hatte sie nie mehr als vier Stunden pro Nacht geschlafen, und in den wenigen übrigen Stunden hatte sie sich Sorgen um ihre Kinder gemacht, die allein zu Hause waren.

Zum Glück wußte der Manager, was er an einer so bewährten Angestellten hatte, und erkannte, daß ihr verändertes Verhalten auf diese Belastungen zurückzuführen war. Er sorgte dafür, daß die Bank ihr einen Kredit zu annehmbaren Bedingungen gab. Dadurch nahm er ihr die durch ihren Mann verschuldete finanzielle Last ab. Zudem bestand der Manager darauf, daß die junge Frau sich einen Tag frei nahm. Und am Tag danach arbeitete sie wieder freundlich und zuverlässig wie eh und je.

Es ist unerläßlich, daß Sie Ihre Leute kennen, wenn meine vorherige Aussage, wonach jeder Manager seinen Angestellten gegenüber auch so eine Art Verkäufer ist, Gültigkeit haben soll. Verkaufen bedeutet nichts anderes als kommunizieren. Und Kommunikation fängt nicht mit Verstandenwerden, sondern mit Verstehen an.

Den größten Teil meiner Zeit bei der Fortune-Gruppe habe ich bisher mit dem Leiten von Management-Seminaren verbracht. In jedem dieser Seminare betonen wir unmißverständlich, daß der Manager die Hauptverantwortung trägt, wenn es darum geht, die Denkweise seiner Leute zu beeinflussen. Vielen Gruppen habe ich gesagt, es bestehe eine Analogie zwischen Management und Predigten, auch wenn den Managern dieser Vergleich nun nicht passe. Es ist Ihre Angelegenheit, ob Sie zur Kirche gehen oder nicht, aber wenn Sie gehen, werden Sie sehen, daß Woche um Woche die gleiche Person mehr oder weniger den gleichen Leuten die gleiche Botschaft mitgibt. Wir wissen das, weil der Zulauf zu unseren Kirchen von Woche zu Woche um nicht mehr als fünf Prozent schwankt. Wissen Sie, weshalb der Pfarrer von seinen Bemühungen nicht abläßt? Er erkennt nämlich, daß er seine Arbeit getan hat, wenn er die Gedankenebene seiner Gemeinde nur um ein einziges Jota anheben kann.

Manager hören offenbar gern, daß es zu ihrer Aufgabe gehöre, das Denken ihrer Leute auf höhere Bahnen zu lenken. Dies spornt sie an und gibt ihnen ein Gefühl von Selbstwert. Leider bewirkt es aber auch, daß die Arbeit des Managers einen allzu abstrakten Anstrich erhält.

Die Arbeit des Managers ist aber nicht abstrakt, sondern pragmatisch. Jeden Tag muß er sich mit den Realitäten des Lebens befassen, welche die Form unterschiedlichster Belastungen annehmen. Monatliche Unkosten, Lohnzahlungen, Produktion und Verkaufskontingente sind faßbare Aufgaben, die sofort erledigt werden müssen. Diese Belastungen ermüden uns oft, und wir versuchen dann, rasch zu Ergebnissen zu kommen, ohne auf die langfristigen Auswirkungen unseres Handelns zu achten. Sie müssen zwar täglich Ziele erreichen, aber Sie dürfen keine Sofortlösungen für langfristige Probleme erwarten. Denn solche gibt es nicht.

Vorgehen zur Steigerung der Produktivität

Da uns allen solche Belastungen nicht unbekannt sind, bevorzugen wir gern Methoden zur Steigerung der Produktivität, welche auf kurze Sicht anscheinend wirksam sind, auf lange Sicht aber Probleme verursachen. Diese nichtproduktiven Methoden rufen in der Regel ungute Gefühle hervor und bewirken, daß unsere Leute sich ungerecht behandelt vorkommen. Uns aus diesem Teufelskreis heraus*arbeiten* zu wollen ist sinnlos, aber wir können uns aus ihm heraus*denken.* Leider haben wir nicht immer nachgedacht – zumindest nicht über unsere Angestellten.

In der ganzen Geschichte der Industrialisierung haben wir nur drei Methoden entwickelt, um unsere Angestellten zu größerer Produktivität zu veranlassen. Jegliche Art der Motivation fällt unter eine der folgenden drei Kategorien:

Angst
Belohnung
Aufbau von Glauben

Die beiden am häufigsten angewandten Verfahren haben sich weitgehend als kontraproduktiv erwiesen, weil sie zwar kurze Aktivitätsschübe auslösen, aber nichts zum Aufbau des Teams beitragen.

Angst. Historisch gesehen ist Angst die üblichste Methode der Motivation. Und sie hat einen Beigeschmack von Manipulation. Der Manager setzt sie in der Regel in einer von zwei Formen ein – als Drohung oder als wirkliche Strafe.

»Wenn du nichts produzierst, bist du deine Stelle los.«

»Wenn du nichts produzierst, wirst du vor all deinen Arbeitskollegen erniedrigt.«

»Wenn du nichts produzierst, wird das fürchterliche Folgen für dich haben.«

In den meisten Fällen bezieht sich die Drohung auf einen Verlust an persönlicher Würde oder Wertschätzung innerhalb des Unternehmens. Nun ja, wenn ein Angestellter wirklich um alles in der Welt seinen Arbeitsplatz behalten oder sich bei Ihnen lieb Kind machen will, werden Sie ihn mit Angst auf die erwünschte Leistung bringen. Aber auf lange Sicht (und dabei geht es um ein paar Wochen) führt der Einsatz von Angst als Instrument der Motivation dazu, daß sich der Bedrohte in sich zurückzieht oder mit Feindseligkeit reagiert.

Nicht viele Manager werden zugeben, daß sie Angst oder Drohung als Instrument der Motivation gebraucht haben, aber es kommt häufig vor und geschieht manchmal vollkommen unbewußt. Nehmen wir an, ein Manager habe sechzehn Leute unter sich. Dreizehn von ihnen erbringen zumindest die Normleistung; sie sind wirklich gute Angestellte. Die andern drei aber halten nicht mit. Der Manager versucht es auf alle erdenklichen Arten, aber für ihn schauen nur Ärger und Frustration heraus. Noch bevor er es richtig realisiert hat, stellt er sich bei der nächsten Teamsitzung vor seinen Leuten auf und sagt: »Haben Sie es gehört? Haben Sie die Glocke gehört? Ich weiß nicht, ob Sie sie gehört haben oder nicht, aber nun hat die Glocke geläutet, und das besagt, daß die Schule aus ist, Kinder! Von jetzt an wird sich hier einiges ändern; mit dieser Abteilung geht es entweder aufwärts – oder Sie können gehen!«

Der Manager hat eigentlich nicht mit der ganzen Gruppe gesprochen. Er wollte sich an drei ganz bestimmte Angestellte wenden, aber diese drei haben natürlich kein Wort von dem mitbekommen, was er gesagt hat. Es ist alles über ihre Köpfe hinweggegangen. Die dreizehn produktiven Angestellten hingegen haben ihm natürlich zugehört und sind jetzt verunsichert.

Selbst Harold Geneen, der wirklich ein ehrfurchtgebietender Topmanager war, realisierte, daß Angst kontraproduktiv ist:

»In dem Maße, in dem Geschäftskommandanten Angst in die Herzen ihres Management-Teams einjagen, haben sie die amerikanische Geschäftswelt in einen Dschungel gestürzt, in dem verängstigte Leute *innerhalb* eines Unternehmens ums nackte Überleben kämpfen. Ich bin sicher, daß dies auf lange Sicht kontraproduktiv ist, und zwar in erster Linie, weil verängstigte Leute in Büropolitik machen: Sie behalten ihre Probleme so lange für sich, bis es zu spät für eine Lösung ist. Die fähigsten und selbständigsten Angestellten gehen weg, weil sie unter solchen Bedingungen nicht arbeiten wollen, und gute Leute wollen natürlich nicht in eine solche Firma eintreten. Zu Beginn kaum wahrnehmbar, dann aber immer stärker und stärker nähren sich all diese negativen Umstände und Einstellungen gegenseitig, bis die Firma schließlich in einen Abwärtstrend hineingerät, den auch der Generaldirektor mit seinem ganzen Aufsichtsrat kaum wird ausloten können.

Wie groß der Druck auch sein mag, widerstehen Sie der Versuchung, Ihre Truppen zusammenzurufen und sie einzuschüchtern. Berufen Sie Ihr Team nie mit schriftlichen Mitteilungen zu einer Sitzung ein. Zögern Sie aber auch nicht, einen einzelnen Angestellten zu einem Gespräch unter vier Augen beiseite zu nehmen, wie wir dies in Kapitel 11 empfohlen haben. Wenn Sie vor einem Einmannpublikum stehen, werden Sie Ihren Ärger leichter zügeln und Ihre Worte besser überlegen können. Auf diese Weise werden Sie nicht Ihr ganzes Team vor den Kopf stoßen und bei denen doch nichts ausrichten, auf deren Verhalten Sie im Grunde Einfluß nehmen wollten.

Die zweite Form der Angst als Instrument zur Motivation wird durch eigentliche Bestrafung ausgelöst. Genau wie Drohungen tragen auch Strafen nicht dazu bei, einen Angestellten wieder zum erwünschten Verhalten zu veranlassen. Viele Manager greifen zu Strafen, weil sie dadurch belohnt oder bestärkt werden. Selbst wenn die Beziehung zum Angestellten zugrunde geht und das Unternehmen dadurch Schaden nimmt, wird eine Strafe – sofern sie hart genug ist – dem unerwünschten Verhalten ein Ende bereiten, und der Manager bekommt sofort, was er will. Straft er häufig, wird es unter seinen Angestellten schon bald heißen, er versuche ständig, jemanden bei einem Fehler zu erwischen. Die Angestellten sehen in ihm dann den Vorboten der Strafe und meiden ihn demzufolge. Meiden und Abkapseln sind noch weniger gefährliche Reaktionen. Viel schlimmer ist es, wenn es zu klaren Feindseligkeiten in Form von Sabotage, Vandalentum, Diebstahl und Arbeitsbehinderungen kommt. Jedes Unternehmen hat wohl schon in der einen oder anderen Form Reaktionen von Angestellten auf Strafmaßnahmen durch das Management erlebt.

Vor vielen Jahren ging ich eines Abends zum Essen in eines der besten Restaurants in Milwaukee. Kurz nachdem ich bestellt hatte, kam der Kellner wieder zu mir an den Tisch und sagte, er könne mich leider nicht mehr bedienen, das Restaurant müsse schließen. Auf meine Fragen hin erfuhr ich, daß ein verärgerter Angestellter in der Küche Salz und Zucker vertauscht habe. Schuld an dem Vorfall war offenbar der Küchenchef gewesen, der einen Piccolo vor versammeltem Personal abgekanzelt hatte. Der Austausch von Salz und Zucker war der Racheakt des Bestraften, bevor er das Restaurant verließ.

In manchen Fällen – vor allem im Verkaufsbereich – bestrafen Manager, ohne wirklich zu begreifen, was sie tun. Viele stellen routinemäßig nach Umsatz Ranglisten ihrer Vertreter zusammen und veröffentlichen sie am schwarzen Brett. Andere senden diese Ranglisten sogar nach Hause, wo auch die Familienangehörigen sie zu sehen bekommen. Diskussionen mit vielen Managern über diese Praxis haben mir gezeigt, daß die meisten von ihnen überzeugt sind, ihren Verkäufern auf diese Weise Anerkennung zu zollen. Wer auf einer solchen Liste ganz oben steht, mag diesem System noch eine gewisse Befriedigung abgewinnen. Wer aber nicht unter den ersten zwei oder drei ist oder gar nur zur unteren Hälfte gehört, dürfte es eher als Strafe empfinden.

Wer straft, muß wissen, daß die Folgen unberechenbar sind. Was Sie als Strafe ansehen, kann einem Betroffenen unter Umständen ganz anders vorkommen. Wenn Sie einen arbeitsscheuen Angestellten mit einem unbezahlten freien Tag strafen, ist die Chance groß, daß er seinen zusätzlichen Urlaubstag fröhlich genießt. Ich kenne eine Firma, deren Vertreter von Haus zu Haus gehen; diese Firma pflegte den Vertreter mit dem geringsten Umsatz jeweils bei den monatlichen Teamsitzungen zu bestrafen.

Die Strafe bestand darin, daß der Manager dem Schlußlicht eine Torte ins Gesicht warf. Ich weiß nicht, was für eine Wirkung er sich eigentlich erhofft hatte, auf jeden Fall wurde die monatliche Strafexpedition sofort zu einer Riesengaudi. Das Schlußlicht stand im Mittelpunkt des Meetings. Das Management hat nach wie vor noch nicht bemerkt, daß die Zielscheibe des Geschosses am lautesten mitlacht und daß sich die schlechten Verkäufer richtiggehend um diese zweifelhafte Ehre balgen. Schwere Strafen sind unweigerlich wirksamer als leichte. Aber Strafen, die schwer genug sind, um echte Wirkung zu erzielen, verstoßen gegen das Gesetz.

Belohnungen. Das zweite Instrument, das vom Management zur Motivation eingesetzt wird, ist die Belohnung. Auch Belohnungen funktionieren natürlich – wenigstens vorübergehend. Ja, wenn man die Leute genügend anspornt und mit Preisen lockt, leisten sie schon einiges. Was aber heute als Anreiz wirkt, wird schon bald zu einem Anrecht – und dann ist der Reiz dahin. Also muß man einen noch größeren Köder auslegen, um die Leute noch lokken zu können, und am Ende gibt es nichts mehr, was man noch zu bieten hätte.

Die Anerkennung sollte so beschaffen sein, daß sie auch auf den Teamgeist fördernd wirkt. Wir raten Ihnen, beim Aussetzen von Preisen Vorsicht walten zu lassen. Vieles, was wir Manager für motivierend halten (beispielsweise Pensionskassen, Gewinnbeteiligungen, Versicherungen und weitere Bonusse für die Angestellten), sind letztlich überhaupt nicht motivierend. Sie sind vielleicht von Vorteil, wenn es darum geht, neue Angestellte einzustellen oder alte an die Firma zu binden, aber da sie sich nicht unmittelbar mit meßbaren Leistungen verknüpfen können, ist ihre motivierende Wirkung eher neutral.

In manchen Fällen wirken Anreize sogar als Strafen. Ich nahm kürzlich an einem Vertreter-Meeting eines multinationalen Unternehmens teil, bei dem ein neues Produkt lanciert wurde. Der Verkaufschef kündigte an, jeder Angestellte, der in 90 Tagen soundsoviel Umsatz mit diesem neuen Produkt machen würde, erhalte einen Geschenkgutschein im Wert von $ 150. Und dann fügte er lachend hinzu: »Ihre Ehefrauen respektive -männer werden wir natürlich darüber informieren, denn die Gutscheine werden auf ihren Namen lauten!« Die Ledigen jubelten laut auf. Ein paar Verheiratete brachten ein verzerrtes Lächeln zustande, andere murmelten etwas vor sich hin. Für jeden dieser Angestellten, der Eheprobleme hatte, bedeutete dieser Preis von $ 150 eine Strafe.

Glauben aufbauen. Die dritte Möglichkeit, Angestellte zu motivieren, besteht darin, ihren Glauben aufzubauen und zu stärken. Dahinter steckt natürlich eine ganz andere Philosophie als hinter der Manipulation mit Angst und Belohnung.

Grundsätzlich fällt jede Motivationsbemühung des Managements entweder unter die Kategorie Manipulation oder unter die Kategorie Aufbau. Manipuliert wird allerdings viel mehr als aufgebaut, denn das Manipulieren liegt in der Natur des Menschen. Die Manipulation mit Angst und Belohnung führt zu einem Sofortergebnis, das längerfristig Probleme nach sich zieht. Ich glaube, Sie können Manipulation nur vermeiden, wenn Sie den Denkprozeß identifizieren, der ihm vorausgeht. Die Handlungen von Managern beruhen genau wie die der Verkäufer auf einem bestimmten Denkschema. Wenn wir das Gefühl haben, unser Team sei nicht so produktiv, wie es sein sollte, stellen wir uns unweigerlich die Frage: »Warum?« Denken wir nun: »Die wollen ja gar nicht. Wenn sie wirklich produktiv sein wollten, wären sie es auch«, befinden wir uns bereits auf dem Weg zur Manipulation. Danach fragen wir uns: »Wie kann ich sie dazu bringen, daß sie produktiv sein wollen?« Die Antwort lautet: »Ich gebe ihnen eine Spezialbelohnung, dann werden sie schon wollen.« Und einige verirren sich unter Umständen auf einen noch kontraproduktiveren Weg: »Ich trommle sie zusammen und sage ihnen, daß es etwas absetzt, wenn sie nicht spuren. Das wird sie schon dazu bringen, daß sie produktiv sein wollen.« Dieses Vorgehen ist Manipulation. Der Manager hat nichts getan, was den Angestellten auf den Weg der Produktivität führen oder ihn dazu veranlassen würde, sich mit der Ursache für seine ungenügende Produktivität auseinanderzusetzen. Er hat einfach eine Reihe von Umständen arrangiert, die durch Bestechung oder Zwang eine bessere Leistung bewirken sollen.

Wer aufbauend vorgeht, erkennt dagegen, daß Leute nicht unter ihrer Normleistung bleiben, weil sie keinen Erfolg haben wollen (sofern sie sich nicht auf sich selbst zurückgezogen haben oder sich gegen vorherige Manipulationsversuche des Managements auflehnen). Wer aufbaut, weiß, daß ein Mangel an Glauben den Mangel an Leistungswillen verursachen kann. Wirklich produktive Leute erbringen aufgrund ihrer inneren Stärke so große Leistungen. Die Produktivität widerspiegelt deshalb den Glauben des Angestellten an sich selbst, an seine Firma und an deren Produkte oder Dienstleistungen. Zuviel Angst oder Belohnung zerstört dieses wesentliche Charakteristikum. Leute, die – vor allem mit Drohungen – manipuliert werden, kommen sich vor, als ob sie sich prostituiert hätten. Folglich verlieren sie ihr Selbstwertgefühl und beginnen, die Firma und die Person zu hassen, die sie in diese erniedrigende Situation gebracht hat. Überprüfen Sie anhand von Tabelle 15 die Methoden, die sie benützt haben, und überlegen Sie sich Möglichkeiten, die Situation zu verbessern. Jedesmal, wenn Sie eine Idee ausarbeiten, von der Sie das Gefühl haben, sie werde Ihnen helfen, innerhalb des Budgets zu bleiben, das Kontingent zu schaffen oder das Ziel zu erreichen, stellen Sie sich die drei folgenden Fragen:

1. Wird diese Idee dafür sorgen, daß meine Leute noch stolzer sein können?
2. Wird sie Glauben an unsere Produkte oder Dienstleistungen aufbauen?
3. Wird Sie den Glauben an die Firma aufbauen?

Dies sind Fragen, die sich Manager selber zu stellen haben. Sie werden auch versuchen, sich anhand von Tabelle 16 mit andern Fragen zu befassen, indem Sie andere nicht manipulieren, sondern aufbauen.

Weicht Ihre Idee irgendwo von diesem Wertsystem ab, ist sie schlecht. Vergessen Sie sie! Suchen Sie eine, welche den Stolz in diesen drei Bereichen aufbaut.

Ein Credo für Manager

Warum haben viele erfolgreiche Unternehmen ein schriftliches Credo oder Leitbild ausgearbeitet? Sind solche Dokumente überhaupt die Zeit wert, die in sie investiert wird?

Wenn Sie sich solche Credos oder Leitbilder von Geschäftsunternehmen ansehen, werden Sie schon bald feststellen, daß sie allesamt positive Gedanken über die Kundschaft ausdrücken und

Tabelle 15

Aufbau von Glauben

Wie habe ich versucht, die Einstellung der Leute mit unten aufgeführten Methoden zu ändern?	Wie haben sie gewirkt?	Was kann ich tun, um die einzelnen Situationen zu verbessern?
Angst:		
Belohnung:		
Aufbau von Glauben:		
Angst:		
Belohnung:		
Aufbau von Glauben:		
Angst:		
Belohnung:		
Aufbau von Glauben:		

Tabelle 16

Aufbau versus Manipulation

Aufbauend	Manipulierend
Sorgt sich echt um andere Leute	Tunnelsicht
Hilfsbereit	Selbstorientiert
Unterstützt die Ziele anderer Leute	Machthungrig
Fördert	Arbeitet mit Angst und Drohungen
Ausgeglichen	Tyrannisch
Diszipliniert	Benützt andere Leute
Unparteiisch	Nutzt Macht zum eigenen Vorteil
Meidet Konfrontationen nicht	Konzentriert sich auf Probleme, nicht auf Ziele
Begeistert	Engstirnig
Geduldig	Widersetzt sich Veränderungen
Hat ein gutes Bild von sich selbst	Externalist
Sucht die Vorzüge	Ist sich selbst der Nächste
Aufmerksam	Inkonsequent
Lobt Erfolge	Ungeduldig
Empfindet Konkurrenz als gesund	Unsicher
Sieht Veränderung als Gelegenheit und Tatsache des Lebens an	Weigert sich, zu delegieren
Intuitiv	Selbstsüchtig
	Eifersüchtig
	Fühlt sich bedroht

zum Selbstwertgefühl der Angestellten des Unternehmens beitragen. Weil die Leute, deren Firmen solche Glaubensbekenntnisse besitzen, automatisch stolz auf ihre Firma sind und bessere Leistungen erbringen, halten alle erfolgreichen Unternehmen beharrlich an solchen Philosophien fest.

Wie groß sie heute auch sein mag, jede Firma hat einmal klein angefangen. Meines Wissens machte Coca-Cola im ersten Jahr einen Umsatz von sage und schreibe $ 55. Jedes kleine Unternehmen stand irgendwann einmal am Rande des Ruins. Die Kraft, die es diese schweren Zeiten überstehen ließ, war nicht nur der Wunsch nach Geld, denn Geld war keines da; diese Kraft ging einzig und allein von einem Menschen aus. Jedes Unternehmen verdankt seinen Erfolg der Tatsache, daß es glücklich genug war, den Menschen an seiner Spitze zu haben, der sich den Herausforderungen des Augenblicks stellen konnte. Charakterstärke verleiht genügend Beweglichkeit, um mit Erfolg zurückzuschlagen. Selbst unter dem schwersten Druck gewinnen Leute, weil sie im Einklang mit dem »Gesetz der Entschädigung« managen und arbeiten. Dieses Gesetz besagt ganz einfach: »Die Entschädigung steht in direktem Verhältnis zur Qualität und Quantität der erbrachten Leistung.« Ich kann Ihnen nur empfehlen, das Denken Ihrer Angestellten auf ein – im Idealfall auch schriftlich vorliegendes – Credo oder Leitbild hinzulenken, welches das Gesetz der Entschädigung mit einschließt.

Auf das Drängen vieler Leute hin habe ich mich zögernd dazu entschlossen, an dieser Stelle auch die Firmenphilosophie der Fortune-Gruppe zu veröffentlichen. Unser Unternehmen gründet auf einen Vers aus dem Buch der Bücher. Auf den ersten Blick hat die Bibel wohl nicht viel mit Management zu tun, aber damals, als die Zeiten hart waren und sich alles gegen uns verschworen zu haben schien, stellte ich fest, daß mich dieser bestimmte Bibelvers, nämlich Johannes 10,10, davon abhielt, aufzugeben:

> Der Dieb kommt nur, um zu stehlen, zu schlachten und zu vernichten; ich bin gekommen, damit sie das Leben haben und es in Fülle haben.

Mir schien, der Dieb nahm mancherlei Gestalt an: Enttäuschung, Ernüchterung, Entmutigung, Mangel an Stolz. Ich kam zum Schluß, daß wir in der Fortune-Gruppe mit unseren Ausbildungsmethoden eigentlich gegen diese Dinge ankämpften, die den Gewinn stahlen und ein lebendiges Unternehmen umbringen wollten. In der Einsicht, daß wir vielleicht Mitarbeiter haben, die sich in der Bibel nicht so gut auskennen, übersetzten wir diese Schlußfolgerung in unser Credo: »Den Leuten helfen, sich selber zu helfen.« Den Managern helfen, Fehler zu vermeiden und Führungseigenschaften zu entwickeln; den Angestellten helfen, die Fertigkeiten zu erwerben, ohne die sie nicht erfolgreich Leistungen vollbringen können; einzelnen Menschen helfen, sich die Fähigkeiten anzueignen, die für den Erfolg unentbehrlich sind. Ich glaube, die größte Management-Aufgabe für uns alle beginnt damit, daß wir tagtäglich unser Credo zu unserem persönlichen Ziel machen und daß wir durch effizientes Management unsere Angestellten dahingehend beeinflussen, daß sie wie wir fühlen.

Firmenphilosophie

Ein Geschäft ist eine Einheit, die vorwiegend in der Finanzwelt existiert; die Fortune-Gruppe ist aber der Auffassung, daß ein

Geschäft nicht nur für seine finanziellen Aspekte, sondern für höhere Zwecke existieren muß. Ein Geschäft ist nicht ein Herr, dem Leute dienen sollten; es sollte sich selbst dienen. Der Grund für unser Dasein ist in dem höheren Zwecke begründet, »den Leuten zu helfen, sich selber zu helfen«.

Wir glauben hinsichtlich:

Dienstleistungen und Produkte. Sie sollen von überlegener Qualität sein; das beste, was wir bieten können. Wir weigern uns, ein Produkt oder eine Dienstleistung anzubieten, an die wir nicht glauben und auf die wir nicht persönlich stolz sein können. Wir bieten für jeden investierten Dollar stets einen maximalen Gegenwert.

Kunden. Sie bilden die Grundlage unseres Geschäftes. Unser einziges wirkliches Kapital ist unsere Fähigkeit, ihnen zu dienen. In allen unseren Geschäften sind wir ehrlich und aufrichtig und bemühen uns, in ihrem besten Interesse zu handeln.

Angestellte und Partner. Wir respektieren den Wert derer, die als Mitmenschen mit uns verbunden sind, und ihr Recht, ihre Ziele für ihre berufliche Laufbahn selber zu bestimmen. Wir sehen die Leute nie als Objekte oder Marionetten an, die für die Zwecke des Managements benützt werden. Wir bieten den mit uns verbundenen Menschen nach unserem besten Können die Gelegenheit zu einer Karriere, in der sie ihre persönlichen Ziele erreichen können. Die Atmosphäre innerhalb unserer Gruppe soll so beschaffen sein, daß die, die entsprechend motiviert sind, sich persönlich weiterentwickeln, im Beruf vorankommen und größeren Erfolg haben können, ohne das Recht aufzugeben, auch Fehler zu machen.

Konkurrenz. Wir konkurrieren nicht mit denen, die dienen. Wir bestärken sie in ihren Bemühungen und versuchen nur zu kooperieren. Unsere einzige Konkurrenz, wenn es überhaupt eine gibt, kommt von denen, die falsch führen, in die Irre leiten oder unfaire Vorteile suchen.

Gewinn. Wir glauben an einen ehrlichen und angemessenen Gewinn. Das Fortbestehen unseres Unternehmens und seine Fähigkeit, seinen Zweck zu erfüllen, hängen von Gewinn ab. Wir weigern uns, mit irgendwelchen Kunden Geschäfte ohne Gewinnabsichten zu machen, da wir sonst alle verlieren.

AKTIONSPLAN
um die Todsünde Nr. 13 zu vermeiden, indem Sie Glauben aufbauen

Eines der Mittel, die die Fortune-Gruppe erfolgreich anwendet, ist der Fortune-Aktionsvertrag. Nach jedem Kurs lassen die meisten Firmen ihre »Studenten« einen solchen Vertrag zur Nachkontrolle ausfüllen.

Wir legen Ihnen hier ebenfalls einen Vertrag für dieses Programm vor.

Anweisungen zum Ausfüllen des Aktionsvertrages

1. Notieren Sie unter Punkt 1 den wichtigsten Gedanken, den Sie im Verlauf dieser Sitzung gehabt haben.
2. Notieren Sie unter »Das werde ich daraus machen«:

   A Was Sie tun wollen.
   B Wann Sie es tun wollen.
   C Mit wem Sie es tun wollen.
3. Welchen Vorteil wird es für Sie haben, wenn Sie diesen Gedanken verwirklichen?
4. In unseren Sitzungen geben wir der Gruppe eine einminütige Vorbereitungspause, während der jeder Teilnehmer einen Vertrag mit seinem Nachbarn, mit einem andern Kursteilnehmer, mit der Person, die ihm den Kursbesuch ermöglicht hat, oder mit seinem Manager abschließt. Wir schlagen vor, daß auch Sie sich eine entsprechende Person aussuchen.

   A Sagen Sie dieser Person, was Sie tun wollen.
   B Sagen Sie ihr, wie Sie es tun wollen.
   C Sagen Sie ihr, welche Vorteile für Sie damit verbunden sind.
5. Vergessen Sie auf keinen Fall, das Datum des Vertragsabschlusses und das Datum der Nachkontrolle für die Person, mit der Sie diesen Vertrag abschließen, einzutragen.

Fortune-Aktionsvertrag

Weil ich das Gefühl habe, dies sei der wichtigste Gedanke, der mir beim Lesen dieses Kapitels gekommen ist, verpflichte ich mich hiermit, ihn in den nächsten sieben Tagen umzusetzen.

1. Dies ist der wichtigste Gedanke, den ich diesem Kapitel entnommen habe und den ich persönlich anwenden kann:

   ____

   ____

   ____

2. Das werde ich daraus machen:

   ____

   ____

   ____

3. Was ich gewinne, wenn ich ihn anwende:

   ____

   ____

   ____

4. Jemand, mit dem ich diese Gedanken teilen kann:

   ____

   ____

   ____

Datum des Vertrages: ______________________________

Kontrolldatum: ______________________________